Doris Iding & Nanni Glück

Immer mit der Ruhe!

Wie Sie Ihr Gehirn zur Gelassenheit erziehen

www.junfermann.de

blogweise.junfermann.de

www.facebook.com/junfermann

twitter.com/junfermann

www.youtube.com/user/Junfermann

www.instagram.com/junfermannverlag

DORIS IDING & NANNI GLÜCK

IMMER MIT DER RUHE!

WIE SIE IHR GEHIRN ZUR GELASSENHEIT ERZIEHEN

Junfermann Verlag
Paderborn
2018

Copyright © Junfermann Verlag, Paderborn 2018

Coverfoto © Kubkoo – istockphoto.com

Covergestaltung / Reihenentwurf JUNFERMANN Druck & Service GmbH & Co. KG, Paderborn

Abbildungen © Zlatko Šunc

Satz & Layout JUNFERMANN Druck & Service GmbH & Co. KG, Paderborn

Bibliografische Information der Deutschen Nationalbibliothek
Die Deutsche Nationalbibliothek verzeichnet diese Publikation in der Deutschen Nationalbibliografie; detaillierte bibliografische Daten sind im Internet über http://dnb.d-nb.de abrufbar.

ISBN 978-3-95571-673-8
Dieses Buch erscheint parallel als E-Book.
ISBN 978-3-95571-738-4 (EPUB), 978-3-95571-740-7 (PDF), 978-3-95571-739-1 (MOBI).

Inhalt

Einleitung

„Einen Moment nicht gedacht
– und schon glücklich!"
(Stefan Machka)

Kennen Sie das? Alles läuft super: im Job, in der Beziehung, im Bett, mit den Freunden, mit dem Nachwuchs und der Familie … Eigentlich könnten Sie sich zufrieden zurücklehnen und einfach mal das Dasein genießen. Eigentlich. Wäre da nicht diese leise Stimme, die Ihnen in solch entspannten Momenten zuflüstert: „Das ist zu schön, um wahr zu sein! Warte nur ab, bald passiert etwas Schlimmes!" Und schon läuten sie wieder, die Alarmglocken. Und schon ist es vorbei mit der Entspannung. Und schon sind Sie wieder in Habachtstellung.

Zunächst einmal die gute Nachricht: Sie können es ändern! Sie können gelassener werden. Alles, was es dazu braucht, ist, sich selbst besser kennen-, verstehen und lieben zu lernen.

Da ist zum einen die Struktur unseres Gehirns, die Sie einfach nicht unbeschwert zur Ruhe kommen lässt. Und zum anderen unser Geist, dessen Funktionsweise man ebenfalls kennen sollte. Der Geist ist das, was unserem Sein zugrunde liegt. Ob wir diese Grundlage Geist, Gott oder offenes Gewahrsein nennen, bleibt jedem Menschen selbst überlassen. Beide – Gehirn und Geist – haben ihre Eigenarten. So besitzt unser Gehirn ein steinzeitliches Überlebens-Sicherungs-Programm, was dafür sorgt, dass wir nicht „einfach mal so" entspannen können. Im Gegensatz zum Gehirn ist der Geist nicht messbar und nicht sichtbar. Er kann sehr beschäftigt sein, von einem Objekt zum anderen springen, während der Körper ruhig ist. Im Buddhismus wird der Körper gerne mit einem Gasthaus verglichen und der Geist mit einem Gast, der darin verweilt.

Auch wenn es nicht offensichtlich ist, so gibt es zwischen Geist und Gehirn eine direkte Verbindung und eine gegenseitige Einflussnahme. Verändert sich das Gehirn, verändert sich auch der Geist – und umgekehrt. Der amerikanische Neuropsychologe Rick Hanson beschreibt es folgendermaßen: Das Gehirn nimmt die Form an, die die Grundlage des Geistes bildet. Wenn wir unseren Geist beispielsweise mit Sorgen, Selbstkritik und Wut füllen, dann wird unser Gehirn darauf reagieren und entsprechende neuronale Strukturen und Dynamiken entwickeln, was dazu führt, dass unsere Sorgen, unsere Selbstkritik und unsere Wut nur noch stärker werden. Wenn wir unseren Geist andererseits regelmäßig in der Wahrnehmung schulen, dass wir gut sind, wie wir sind, dann wird auch unser Gehirn nach und nach auf ruhige Stärke, Selbstvertrauen und inneren Frieden gepolt.[1]

Um zu verstehen, warum sich unser Gehirn zwischen uns und unsere Gelassenheit und somit auch zwischen uns und unseren Geist stellt, müssen wir in der Evolution weit zurückgehen und das Leben unserer Vorfahren betrachten. Deren Leben drehte sich – überspitzt gesagt – nur um drei Dinge: Essen, Schlafen und Sex! Daran hat sich bis heute eigentlich nicht viel geändert. Der wesentliche Unterschied: Unsere Urahnen lebten in der freien Natur und sahen sich dort allerlei Gefahren ausgesetzt. Es galt das Motto: Fressen oder gefressen werden. Denken Sie nur an den oft bemühten Säbelzahntiger. Er war eine ständige Gefahr. Entspannt zurücklehnen konnten sich unsere Vorfahren in seiner mittelbaren oder unmittelbaren Gegenwart nie, drohte doch ständig Gefahr für Leib und Leben.

Um einem jähen Ende möglichst zu entgehen, wurde der Mensch zum Glück mit einem hypersensiblen Alarmsystem ausgestattet. Das Ganze hatte allerdings einen Haken: Es gab keinen Stand-by-Modus. So waren unsere Ahnen immer auf der Hut und fühlten sich permanent etwas unsicher.

Leider garantiert uns auch die heutige Zeit keine 100-prozentige Sicherheit. Terror, Amokläufer und Naturkatastrophen gehören weltweit zur Tagesordnung und schüren unsere Ängste. Gleichzeitig sind wir hier in Europa immer noch sicherer als in vielen anderen Ländern. Und im Vergleich zu vielen Menschen, die in Kriegs- und Hungergebieten tagtäglich um ihr Überleben kämpfen, ist unser Leben sehr privilegiert. Uns geht es so gut, dass wir uns Zeit nehmen könnten, um uns ganz bewusst darum zu bemühen, gelassener zu werden.

Wir haben dieses Buch geschrieben, um Ihnen aufzuzeigen, dass ein entspanntes Leben möglich und Gelassenheit erlernbar ist. Und nicht nur das: Wenn Sie Ihr Gehirn und Ihren Geist besser verstehen und die Übungen in diesem Buch regelmäßig machen, werden Sie sich am Ende des Buches endlich zurücklehnen und das Leben aus vollem Herzen genießen können.

Gelassener zu werden lohnt sich!

Wer gelassen ist,

- kann sich selbst und andere Menschen so sein lassen, wie sie sind, ohne sich selbst oder andere immer zu bewerten, zu verurteilen oder anders haben zu wollen.
- ist entspannter, achtsamer, heiterer, optimistischer, freundlicher und ein Genuss für seine Umwelt.
- befreit sich von überzogenen Ansprüchen, hohen Erwartungen und schädlichen Gewohnheiten.
- befreit sich von hässlichen Grübelfalten, Sorgen, Nörgeleien, Ärger und
- kann das Leben ohne große Schuldgefühle mal wieder seiner selbst wegen genießen.

Bevor auch Sie sich endlich gelassen den schönen und wesentlichen Dingen des Lebens hingeben können, werden wir Ihnen erklären, warum Sie so „ticken", wie Sie (jetzt noch) ticken, und was es braucht, um echte Geborgenheit in sich selbst zu finden.

Da wir, Doris Iding und Nanni Glück, aus verschiedenen Arbeits- und Lebenskontexten kommen und einen unterschiedlichen Zugang zur Gelassenheit haben, haben wir den Inhalt gemäß unserer Neigungen und Kompetenzen aufgegliedert:

Nanni vermittelt Ihnen den strukturellen Aufbau des Gehirns mit all seinen Bürden und Chancen. Dies lesen Sie in Teil I „Warum uns Gelassenheit so schwerfällt".

Doris wird Ihnen in Teil II „Wie es gelingt, gelassener zu werden" zeigen, wie Sie in Ihrem Geist Samen des Mitgefühls, der Freude, der Achtsamkeit und der Liebe säen können, sodass ein wunderschöner Garten mit Blumen und Früchten daraus entstehen wird. Diese Achtsamkeits- und Meditationspraxis wird sich auch auf Ihr Gehirn auswirken. Sie werden achtsamer mit sich selbst, Ihren Mitmenschen und der Umwelt umgehen; Sie werden widerstandsfähiger und gelassener und können so müheloser auf den Wellen des Lebens reiten, anstatt Gefahr zu laufen unterzugehen.

Wir wünschen Ihnen viel Spaß auf der Reise!

Doris Iding — Nanni Glück

Teil I

Warum uns Gelassenheit so schwerfällt

1. For survival use only: Unser Gehirn ist nicht zum Glücklichsein gemacht

„Das Leben ist zu kostbar,
um es dem Schicksal
zu überlassen."

(Walter Moers, *Die 13 ½ Leben des Käpt'n Blaubär*)

Sind Sie mit Ihrem Leben zufrieden? Oder darf's noch etwas mehr Lockerheit, Gesundheit, Selbstbewusstsein und Lebensqualität sein? Vielleicht fehlt Ihnen in manchen Situationen das Quäntchen an innerer Distanz, um Ihr Leben wirklich leichtzunehmen. Vielleicht machen Sie sich auch zu viele Sorgen und neigen zu Ängstlichkeit. Vielleicht sind Sie aber auch grundsätzlich unzufrieden mit sich und dem Leben. Oder sind Sie eher für die anderen da und haben das Gefühl, in Ihrem Leben zu kurz zu kommen? Was auch immer in Ihrem Leben gerade nicht rund läuft und Sie dazu bewogen hat, dieses Buch zu kaufen, am Ende des Buches werden Sie häufiger lächeln und sich seltener aufregen.

Wann immer es Ihnen gelingt, bewusst wahrzunehmen, was Sie gerade tun oder auch lassen, haben Sie einen wichtigen Schritt in Richtung innere Distanz unternommen. Und wenn Sie es schaffen, auch in solchen Momenten entspannt zu bleiben, in denen es mal wieder so richtig „eng" wird, können Sie davon profitieren: Sie wären fokussiert und ausgeglichen, wenn bei der Arbeit alles drunter und drüber geht. Sie könnten Ihrer Familie mit einem wohlwollenden Lächeln begegnen und müssten nicht ständig meckern, wenn sie an Ihren Nerven zerrt. Sie wären die Ruhe selbst, auch wenn Ihnen der Terminkalender ein zu enges Zeitkorsett verpasst und Sie das Gefühl haben, dass Ihr Tag locker 20 Stunden mehr haben könnte.

Was für eine schöne Vorstellung! Und wissen Sie was? Diese Vorstellung kann sich nach und nach in gelebte Gelassenheit verwandeln.

Gelassenheitsimpuls: *Öffnen Sie Ihre Augen für die Wirklichkeit. Dann entsteht Gelassenheit ganz von selbst.*

1.1 Gelassenheit braucht Übung

Fast alle Menschen wünschen sich mehr Gelassenheit. Sie ist die Grundlage für ein glückliches und zufriedenes Leben. Gehen wir gelassen durch die Welt, kann uns so schnell nichts aus der Bahn werfen. Den Widrigkeiten des Lebens können wir mit stiller Heiterkeit, kindlicher Neugier und akzeptierendem Staunen begegnen. Ein paradiesischer Zustand, den auch Sie erreichen können. Allerdings müssen Sie einiges dafür tun.

Nur durch tägliches Üben können wir nachhaltig gelassen bleiben. Hier verhält es sich ähnlich wie beim Muskeltraining. Nur dann, wenn wir regelmäßig üben, bleiben die Muskeln straff. Und genau hier liegt das Problem!

Kurze Momente von Gelassenheit kennen wir alle. Aber sie lassen sich leider nicht festhalten. Wir müssen sie kultivieren. Wäre es tatsächlich nur ein kleiner Spaziergang zur inneren Zufriedenheit, hätten wir schon lange den Weltfrieden, und alle wären nicht nur gelassener, sondern rundum glücklich und zufrieden.

Leider ist das nicht so. Davon sind wir noch Lichtjahre entfernt. Das heißt aber nicht, dass es unmöglich wäre, eines Tages in Frieden mit uns selbst und infolgedessen mit allen anderen Menschen in Harmonie und im Einklang mit der Natur zu leben. Die aktuellsten Ergebnisse der Hirnforschung geben Anlass zur Hoffnung: Wir können unser Gehirn und unseren Geist durch Übung verändern sowie Eigenschaften wie Mitgefühl, Gelassenheit und Achtsamkeit kultivieren und dadurch zu innerer Zufriedenheit gelangen. Sind wir erst einmal mit uns selbst im Reinen – das kennt wohl jeder –, können wir auch unsere Mitmenschen so sein lassen, wie sie sind. Dann werden wir, nach Empfehlung von Mahatma Gandhi, selbst die Veränderung, die wir uns für diese Welt wünschen.

Gelassenheitsimpuls: *Sehen Sie einen Tag lang mal alles positiv.*

Doch warum fällt es uns nur so schwer, einfach mal zufrieden und glücklich zu sein? Schließlich wohnen wir in einem der reichsten Länder der Welt, wir haben eines der besten Gesundheitssysteme, jeder Mensch hat freien Zugang zu Bildung und kann theoretisch alles werden, was er möchte. Von außen betrachtet, gibt es keinen Grund, sich so viel zu ärgern, wie wir es hier in den westlichen Ländern gerne so oft tun. In dem World Happiness Report[2] der Vereinten Nationen von 2017 erreicht Deutschland nur einen schwachen 16. Platz. Hinter den USA, Israel und Costa Rica, aber immerhin vor Großbritannien und Frankreich.

Unser Gehirn ist aufs Überleben programmiert, nicht aufs Glücklichsein!

Wäre unserem Gehirn ein Produkthinweis beigelegt, so würde darauf stehen: „Optimiert, um das Überleben und die Reproduktion des Gehirnträgers zu sichern. Weitere Funktionen, wie zum Beispiel Zufriedenheit, Gelassenheit oder Glück, nur nach manuellem Update möglich."

Darin liegt der Grund unserer latenten Unzufriedenheit: Unser Gehirn wurde dafür gemacht, unser Überleben in einer sehr gefährlichen Umwelt sicherzustellen. Um dies zu leisten, hat sich die Evolution allerhand Trickreiches einfallen lassen: Da wäre zunächst das hypersensible Alarmsystem, das nicht einfach mal so in den Stand-by-Modus geschaltet, geschweige denn ganz abgeschaltet werden kann. Dann dürfen wir uns über einen sehr effizienten Energiesparmodus freuen, der unser Gehirn höchst wirksam und ressourcenschonend arbeiten lässt, ohne kostbare Energie unnötig zu verschwenden. Komplettiert wird dieses einzigartige Überlebens-Sicherungs-Programm mit dem Negativfilter. Diese Support-Komponente zoomt unsere Aufmerksamkeit auf Gefahren und vermeintlich Schlechtes. Nehmen wir etwas Negatives wahr, springt automatisch unser „Leid-vermeiden-Programm" an: Wir tun deshalb oft unbewusst alles dafür, um nur ja kein unangenehmes Gefühl oder gar Schmerz wahrnehmen und aushalten zu müssen.

So weit ganz vereinfacht die Grundeinstellung unseres Gehirns. Wäre es eine Software, würde man von der Version 1.0 sprechen. Das Dumme ist: Obwohl sich die äußeren Umstände unseres Lebens maßgeblich verändert haben, kam die Evolution bislang noch nicht auf die Idee, auch ein Update für unser Innenleben einzuspielen. Wir laufen heute noch immer mit dieser Steinzeitversion unter der Schädeldecke durch die Welt. Wollen wir eine Veränderung, dann müssen wir uns selbst darum kümmern. Und diese Optimierung kann nur jeder für sich vornehmen.

Damit wir dieses „manuelle Update" durchführen können, sollten wir uns als Erstes mit den Grundeinstellungen unseres Gehirns vertrauter machen.

Unser hochsensibles Alarmsystem, Version 1.0

Diese Komponente ist Teil des limbischen Systems. Die Evolution hat getreu dem Motto „Viel hilft viel" gewerkelt und diesen Bereich so hochreaktiv ausgestattet, dass wir uns unbewusst sogar bereits dann (in der Regel grundlos) bedroht fühlen, wenn zum Beispiel im Bus in der Reihe hinter uns jemand ein Geräusch macht, welches wir nicht definieren können.

Unser Alarmsystem ist ein regelrechter Blitzmerker. Es reagiert als Allererstes noch vor all unseren anderen Systemen auf äußere Reize. Sobald wir vor die Haustüre treten und somit aktiv am Straßenverkehr teilnehmen, ist unser Alarmsystem bereits ungefragt damit beschäftigt, auf uns aufzupassen. Ohne dass wir es groß bemerken, sind wir aufmerksam und achten instinktiv auf mögliche Gefahren, damit wir bei Bedarf blitzschnell reagieren können. Ob Autofahrer, Radler oder Fußgänger – das Alarmsystem hilft allen, sicher durch den Verkehr zu kommen. Bremsen und Stoppen, Ausweichen und Beschleunigen, Abschätzen von Distanzen, das alles passiert ganz automatisch, und wir müssen uns dafür gar nicht mal großartig anstrengen.

Unser Alarmsystem ist von Natur aus hochsensibel angelegt und immer aktiv!

Unser Alarmsystem hilft uns aber nicht nur, im Straßenverkehr ohne blaue Flecken ans Ziel zu kommen, sondern ist uns generell eine wichtige Stütze, wenn es darum geht, unseren Alltag möglichst unbeschadet zu bewältigen. Und das alles ohne unser bewusstes Zutun. Das ist wirklich eine Hochleistung! Kein Wunder, dass das Gehirn alleine 20 Prozent des täglichen Energieverbrauchs benötigt und daher versucht, möglichst effizient zu haushalten. Damit es nachhaltig gut arbeiten kann, braucht es natürlich auch genügend Pausen, um sich zu erholen.

Gelassenheitsimpuls: *Machen Sie öfters ein Nickerchen, um Ihrem Gehirn Zeit zur Erholung zu bieten.*

Aber wie alles, so hat auch unser Alarmsystem zwei Seiten. Es gibt Situationen, da nimmt es seinen Job etwas zu genau und wittert Gefahr, wo gar keine besteht. Häufig dann, wenn wir eigentlich loslassen und entspannen könnten: Wenn wir abends im Bett liegen und einschlafen wollen; uns am Sonntagnachmittag gemütlich auf der Couch fläzen möchten oder auch im lang ersehnten Urlaub, in den wir ja eigentlich nur fahren, um zu entspannen. Dann liegen wir vielleicht an einem der schönsten Strände Spaniens und kommen einfach nicht zur Ruhe, sondern denken sorgenvoll an unsere Arbeit. Vielleicht werden vor Ihrem inneren Auge nun Erinnerungen an verschiedene Urlaubssituationen auftauchen, in denen es Ihnen ganz ähnlich ging. So sehr Sie sich auch bemüht haben, Ihr Gedankenkarussell wollte einfach nicht aufhören, sich zu drehen. Da freut man sich monatelang auf die kostbarsten Wochen des Jahres. Doch dann kommt er wieder, dieser Moment: Anstatt dass nun jede Faser Ihres Körpers auf der Sonnenliege in Wohlergehen dahinschmilzt, gehen Ihnen tausend Dinge durch den Kopf, die Sie vor Ihrer Abreise hätten erledigen müssen. Oder, und das passiert meist dann, wenn das Urlaubsende naht, Sie überlegen sich bereits, wie und ob Sie all das schaffen sollen, was zu Hause auf Sie wartet. Wenn es ganz schlecht läuft, dann werden wir in solchen Momenten von extremen Existenzängsten geplagt. Und das schlaucht ganz schön, oder?!

Diese irrationalen Ängste können einem manchmal sogar den kompletten Urlaub versauen. Denn – seien wir mal ehrlich – sie sind bei den meisten doch wirklich unbegründet. Hierzulande muss niemand mehr um seine Existenz bangen. Es sei denn, er hat eine lebensbedrohliche Krankheit.

Gelassenheitsimpuls: *Gehen Sie im Urlaub so oft wie möglich baden.*

Unser sehr eifriges Alarmsystem steht häufig in Konflikt mit unserem kognitiven Denken, unserem Verstand. Rational betrachtet wissen wir, dass es eigentlich keinen Anlass zur Sorge gibt. Vielleicht hat Ihr Arzt Ihnen sogar geraten, sich nicht immer alles so zu Herzen zu nehmen. Und Sie tun Ihr Bestes, um entspannt zu sein. Aber so richtig gelingen will es Ihnen nicht.

Hauptakteur unseres Alarmsystems ist die Amygdala, sie befindet sich im limbischen System.

Klein, aber höchst wirksam

Der Antreiber unseres Alarmsystems heißt Amygdala. Das ist lateinisch und heißt übersetzt Mandelkern. Damit wird ein Teil des limbischen Systems bezeichnet, der auch Angst- oder Bedrohungszentrum genannt wird. Korrekterweise müsste man eigentlich von Amygdalae sprechen, lateinischer Plural, da wir zwei solcher Mandelkerne im Kopf haben. Sie sind Teil des Systems, das für unsere Gefühle (wie z. B. Angst, Freude, Ärger, Trauer) und unsere Triebe (wie sexuelles Verlangen) verantwortlich ist. Dieses Areal befindet sich wiederum in jenem Teil des Gehirns, das man auch Säugetiergehirn nennt, was erahnen lässt, dass wir uns gar nicht so sehr von den Tieren unterscheiden, wie uns vielleicht lieb wäre. Lassen Sie uns in diesem Zusammenhang einen kurzen Blick auf den groben Aufbau unseres Gehirns werfen:

1.2 Unser dreiteiliges Gehirn

Obwohl das Gehirn bereits seit über 3000 Jahren[3] Gegenstand wissenschaftlicher Forschung ist, sind wir immer noch weit davon entfernt, seine Funktionsweise in der ganzen Komplexität zu erfassen. Immerhin: Dank besserer Technik können immer modernere Forschungsmethoden zum Einsatz kommen, die uns zum Teil bahnbrechende Erkenntnisse über die weiche Masse unter unserer Schädeldecke verraten. Gleichzeitig werden mit zunehmendem Wissen neue Fragen aufgeworfen. Dies führt dazu, dass Modelle des Gehirns wieder verworfen werden und neuen Modellen Platz machen, die jedoch nur darauf warten, von wiederum aktuelleren Modellen abgelöst zu werden.

Das Modell des dreiteiligen Gehirns, das in den 1950er- bis 1960er-Jahren von Paul McLean[4] entwickelt wurde, ist in manchen Teilen bereits überholt und dient fast nur noch als Arbeitsmodell. Doch genau in dieser Funktion wollen wir es für uns auch nutzen: als stark vereinfachte, modellhafte Version, damit wir besser verstehen, warum es uns oft so schwerfällt, einfach mal gelassen zu bleiben.

Unser Gehirn besteht aus drei unterschiedlich alten, evolutionär entstandenen Bereichen (vgl. Abb. 1.1):

1. dem ältesten Teil, dem Reptiliengehirn,
2. dem mittelalten Teil, welches Säugetiergehirn genannt wird, und
3. dem evolutionsbiologisch jüngsten Bereich, dem Neocortex.

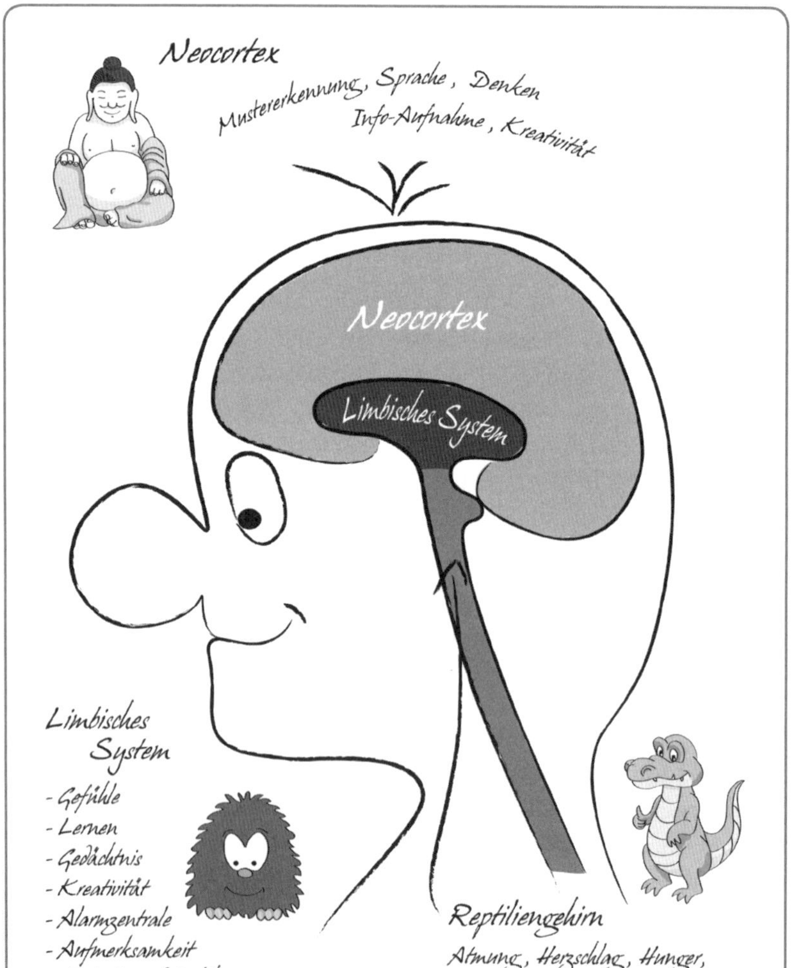

Abbildung 1.1: Unser dreiteiliges Gehirn

Das Reptiliengehirn – unsere Lebensversicherung

Dieses Hirnareal ist der evolutionsbiologisch älteste Teil und entwächst wie ein kleiner Blumenkohl direkt dem Rückenmark. Von uns gänzlich unbemerkt, findet hier die Steuerung unserer Stoffwechselprozesse, der Atmung und des Herzschlages statt. Wir haben auf diesen Teil keine bewusste Zugriffsmöglichkeit. Er entzieht sich unserer Kontrolle. Das ist auch gut so. Legen Sie am Ende dieses Absatzes das Buch zur Seite und machen Sie sich dann für ein paar Minuten einmal bewusst, wie viele Tausende von Prozessen gerade in Ihrem Körper ablaufen und dafür notwendig sind, dass Sie jetzt aufrecht sitzen können, dass Blut durch Ihre Adern fließt, Ihr Herz schlägt und so weiter. Sie würden ganz schön ins Schwitzen geraten, wenn Sie das alles bewusst regeln müssten und dabei noch das Frühstück oder Mittagessen verdauen, die Nahrung dann in Eiweiß und Stärke aufspalten, Antikörper ausschütten, weil vielleicht ein paar Bakterien eingedrungen sind, die Zellteilung für Ihr Haar- und Fingernagelwachstum steuern und so weiter und so weiter. Ganz davon abgesehen, wüssten die meisten von uns auch gar nicht, wie genau wir jetzt eine Butterbrezel oder ein Veggie-Sandwich in Eiweiß und Stärke aufspalten können, denn Chemie gehörte ja bei den wenigsten zu den Lieblingsfächern. Es ist schon gut, dass sich das Reptiliengehirn ganz selbstständig darum kümmert. Es grenzt so gesehen tatsächlich an ein Wunder, dass wir aus Sauerstoff und Nahrung Energie ziehen, dass unsere Zellen sich teilen, sich reparieren, dass unser Herz unermüdlich Blut durch unseren Körper pumpt und vieles mehr. Wir können unserem Reptiliengehirn jeden Tag sehr dankbar dafür sein, dass es diese wichtige Arbeit für uns leistet!

Gelassenheitsimpuls: *Machen Sie sich immer wieder bewusst, was Ihr Körper alles leistet.*

In unserem Reptiliengehirn entstehen auch die überlebenswichtigen Bedürfnisse wie Hunger, Durst und Schlaf. Erst wenn diese Bedürfnisse gestillt sind, können die Fähigkeiten und Funktionen, welche an die anderen zwei Hirnteile geknüpft sind, vollständig zum Einsatz kommen. Für eine vollumfängliche Funktionsfähigkeit müssen daher auch die Bedürfnisse aus dem nächsten Teil gestillt werden:

Das Säugetiergehirn – Heimat unserer Emotionen

Hier finden alle überlebenswichtigen Vorgänge statt, die sich um Fortpflanzung und Selbstschutz drehen. Auch unser bereits erwähntes Alarmsystem befindet sich hier, im limbischen System, gerne auch emotionales Gehirn genannt. Neben dem Alarmsystem befindet sich im Nucleus accumbens das Belohnungs- und Antriebszentrum. In diesem Teil des Gehirns ist der Hippocampus angesiedelt. Neben der Gefühlsregulierung entscheidet er gleich einem Pförtner darüber, ob und welche Informationen in unser Gedächtnis gelangen. Die vom Pförtner durchgelassenen Informationen bilden dann einen Fundus an Erinnerungen und Erfahrungen, der wie eine riesige Datenbank von unserem Alarmsystem zur Bewertung und Einschätzung von Situationen herangezogen wird.

Das limbische System wird in unserem Buch eine große Rolle spielen, wir nennen es daher Limbo (nicht zu verwechseln mit dem gleichnamigen Tanz …), um es Ihnen vertrauter und sympathischer zu machen. Limbo kann sich nämlich ebenfalls als kleines Hindernis auf unserem Weg zur heiteren Gelassenheit entwickeln. Und deshalb ist es gut, dass wir ihn hier etwas besser kennen- und schätzen lernen, um ihn so von einem Hindernis zu einem Helfer zu transformieren.

Der Neocortex – Sitz unseres kleinen Buddhas

Der Neocortex sitzt in der Großhirnrinde, dem jüngsten Teil unseres Gehirns. Neben der motorischen Steuerung und der Sprachverarbeitung und -produktion befähigt er uns, Situationen zu analysieren, zu bewerten und bewusst eine Verhaltensentscheidung zu treffen. Er wird von vielen als Sitz des bewussten Ichs bezeichnet und ist bei uns Menschen um einiges größer als bei anderen Säugetieren. Hier befindet sich auch der Präfrontalcortex (Stirnlappen), der es uns ermöglicht, uns selbst zu reflektieren. Die Region über dem rechten Auge steht in Zusammenhang mit negativen Gedanken, Gefühlen und Ängsten. Man nennt sie daher gerne auch „Jammerlappen“. Die Region auf der linken Seite hingegen ist unsere „Glückszone“, sie steht für positive Gefühle, Enthusiasmus und gute Laune. Abhängig davon, welcher der beiden Bereiche bei Ihnen ausgeprägter und aktiver ist, verläuft Ihr innerer Dialog. Diesen kennen Sie sicherlich, plappert doch fast unaufhörlich unsere innere Stimme vor sich hin und bewertet und kommentiert alles, was uns widerfährt. Selbst auf der Couch oder im Bett kommt diese Stimme nicht zur Ruhe. Gehören Sie zur „Ja, aber …“-Fraktion, haben Sie einen aktiven und gut ausgebildeten Jammerlappen. Gehören Sie hingegen zur Fraktion all derjenigen, die mit einem optimistischen „Warum nicht?!“ fröhlich durchs Leben ziehen, dann ist der linke Präfrontalcortex eindeutig ausgeprägter und aktiver.

SELBSTTEST

Jammerlappen oder Glückspilz?

Bitte bewerten Sie, wie sehr Sie den folgenden Aussagen zustimmen (von 1 = *Ich stimme überhaupt nicht zu* bis 5 = *Ich stimme voll und ganz zu*):

1. Mit meiner Meinung stehe ich nicht gerne alleine da. Ich halte daher in manchen Situationen lieber meinen Mund.

   Punkte: ________

2. Die Sorge, in etwas nicht gut genug zu sein oder zu versagen, hindert mich häufig daran, Neues auszuprobieren (wie z. B. eine neue Sportart, ein neues Instrument, eine neue Sprache etc.)

   Punkte: ________

3. Es ist mir zwar unangenehm, aber ich bin oft neidisch auf andere.

   Punkte: ________

4. Mit Komplimenten kann ich nicht besonders gut umgehen.

   Punkte: ________

5. Ich backe lieber kleine Brötchen.

   Punkte: ________

6. Es fällt mir schwer, mich nach einem Streit wieder zu beruhigen.

   Punkte: ________

7. Bei Problemen werde ich schnell ungeduldig und hole mir Hilfe.

   Punkte: ________

Auswertung

7–13 Punkte: der Glückspilz
Herzlichen Glückwunsch! Ihr linker Präfrontalcortex ist äußerst aktiv und ausgeprägt und Ihr Jammerlappen wohl nur unter dem Mikroskop wahrnehmbar. Aber vielleicht haben Sie ja trotzdem Lust, weiter in diesem Buch zu lesen.

14–24 Punkte: mal so, mal so
Bei Ihnen scheinen die beiden Regionen im Präfrontalcortex gleichermaßen ausgeglichen und aktiv zu sein. Mal fällt es Ihnen leicht, voller Zuversicht Aufgaben anzupacken, und mal werden Sie von negativen Gedanken heimgesucht, die Ihnen bisweilen Ihre Lebensfreude vermiesen. Wir zeigen Ihnen, wie Sie Ihren Jammerlappen zu einem Jammerläppchen minimieren und sich über eine weitläufigere Glückszone freuen dürfen.

25–35 Punkte: der Jammerlappen
Neuen Situationen blicken Sie eher misstrauisch entgegen. Ihre innere Stimme unterbricht anfängliche Begeisterung gerne mit dem berühmten „Ja, aber …“, und es fallen Ihnen gleich hundert Dinge ein, die schieflaufen könnten. Ein weiterer Klassiker: Wenn Ihnen etwas Dummes passiert, denken Sie gerne „Typisch, dass das mal wieder mir passieren muss“. Doch kein Grund, den Kopf hängen zu lassen. Auch wenn Ihre innere Stimme den einen oder anderen Tipp, den Sie in diesem Buch lesen werden, erst mal wieder sabotieren möchte: Sie können Ihren Jammerlappen mittels Übung zum Schrumpfen und somit mehr und mehr zum Schweigen bringen und Ihre Glückszone vergrößern, sodass Sie zukünftig zuversichtlicher durchs Leben kommen und langfristig zufriedener werden.

Mit unterschiedlichen Techniken wie z. B. Meditation oder Achtsamkeitstraining vergrößert sich der Präfrontalcortex messbar. Auch wenn sich Ihr Leben nicht gleich vollkommen ändern wird, so werden Sie nach und nach mehr Gelassenheit wahrnehmen und spüren, wie dieser Teil Sie auf dem Weg zum inneren Frieden navigieren und sicher ans Ziel bringen wird. Hier setzten wir mit unserem manuellen Update an. Aber wie bereits gesagt: Sie selbst müssen etwas dafür tun.

Gelassenheitsimpuls: *Tun Sie Dinge, die zu Ihnen passen.*

Um gelassener zu werden, ist der Präfrontalcortex überaus wichtig. Wir nennen diesen Teil „Little Buddha Cort“ oder einfach nur „Cort“. Little Buddha deshalb, weil dieser Teil besonders durch die Meditation und Achtsamkeitspraxis gestärkt wird und uns dann darin unterstützt, mehr Abstand zu dem zu bekommen, was wir denken und fühlen. Ist Cort erst mal groß und stark, kann er als Big Buddha Cort gemeinsam mit Limbo ein unschlagbares Team bilden und uns zu innerem Frieden und heiterer Gelassenheit führen

Gelassenheitsimpuls: *Machen Sie es sich leicht.*

Überleben ist Teamarbeit

Aber wer hat nun das Kommando, wenn es mal wieder stressig wird? Das Reptiliengehirn, das darauf achtet, dass wir nicht verhungern und sterben? Limbo, der uns instinktiv handeln lässt und bei Gefahr unser Überleben sichert? Oder Cort, der analytisch denkende Teil unseres Gehirns, der die Situationen abwägt und sicherstellt, dass wir uns nicht schaden?

Meist entstehen unsere Entscheidungen aus einem Zusammenspiel der jeweiligen Schaltzentralen. Glücklicherweise sind die meisten unserer Verhaltensentscheidungen kohärent, d.h. im Einklang mit Gefühl und Geist, und dadurch sind sie zielführend. Wir fühlen uns gut damit. Probleme bekommen wir immer dann, wenn wir eine inkohärente Entscheidung fällen. Wenn sich unser Geist gegen das Gefühl oder aber das Gefühl gegen unseren Geist entscheidet.

> Unser Verhalten wird situationsbedingt von unseren Grundbedürfnissen, unseren Gefühlen und Trieben und unserem bewussten Denken gesteuert.

Dies passiert zum Beispiel, wenn Limbo das Ruder übernimmt, weil unser hochreaktives Alarmsystem in Aufruhr ist, selbst dann, wenn gar keine wirkliche Bedrohung besteht. Das kann uns dann ganz schön in Schwierigkeiten bringen: Das bei Bedrohung automatisch ausgelöste Schutzverhalten ist nur bei echter Gefahr für Leib und Leben hilfreich und angemessen. Bei familiärem oder beruflichem Stress kann es dazu führen, dass wir uns schnell mal im Ton vergreifen oder auf andere Weise ungünstig reagieren.

Gelassenheitsimpuls: *Seien Sie achtsam.*

Stellen Sie sich vor, Sie sind in Sizilien, um dort Urlaub zu machen, und gehen durch eine dunkle Gasse zu dem Restaurant, in dem Sie mit einer schönen Frau oder einem attraktiven Mann verabredet sind. Plötzlich hören Sie ein Rumpeln aus einem düsteren Hinterhof, der an die Gasse grenzt. Bereits in dem Moment, in dem Sie das Rumpeln wahrnehmen, löst Ihr Alarmsystem höchste Alarmstufe, den „Code Red“, aus, indem Ihre Amygdala wie wild neuronal zu feuern beginnt. Die Datenbank Ihres Hippocampus wird in Windeseile durchsucht, ob sich zu dieser Situation etwas Passendes findet. Vielleicht befindet sich auch ein Mafiafilm im Archiv, und schon wird der Alarm verstärkt: Die Amygdala feuert Millionen von Impulsen an den Neocortex, der durch diesen Informations-Overload entscheidungsunfähig gemacht wird. Tonangebend ist jetzt die Oberkommandantin Amygdala. Nun geht es ums pure Überleben. Nun heißt es nur noch: kämpfen, fliehen oder erstarren. Es gehen Befehle an den Hypothalamus, das Steuerzentrum unseres vegetativen Nervensystems, aktiv zu werden, und die Hormonausschüttung von Adrenalin und Noradrenalin beginnt. Etwas zeitverzögert wird das Stresshormon Cortisol in den Nebennieren produziert.

Innerhalb von Nanosekunden befindet sich Ihr ganzer Körper im sogenannten Flight-oder-Fight-Modus: Ihr Herz rast, Ihr Atem wird flacher und schneller, Ihre Stoffwechselprozesse verlangsamen sich, und Sauerstoff wird in Ihre Muskeln gepumpt, die sich dann anspannen, damit Sie schnell wegrennen oder kämpfen können. Sollte nun tatsächlich ein Bösewicht aus dem Dickicht der Hecke auftauchen, so könnten Sie gegebenenfalls sofort lossprinten und sich in Sicherheit bringen oder sich auf einen Kampf einlassen. Ihrem Alarmsystem sei Dank werden Sie so ziemlich wahrscheinlich Ihr Leben retten.

Unser Bewusstsein hat auf die ganzen Prozesse, die in nur wenigen Millisekunden ablaufen und den Körper auf Angriff oder Flucht vorbereiten, keinen Einfluss. Und das ist in diesem Fall auch gut so. Stellen Sie sich vor, Sie würden in dieser Situation zuerst einmal innehalten, die Ohren spitzen, um genau hinzuhören, ob es sich beim Rumpeln um ein Tier, einen Menschen oder eine umkippende Mülltonne handelt. Noch während Sie überlegen, würden Sie (im Fall eines tatsächlichen Übergriffs) außer Gefecht gesetzt werden.

Gelassenheitsimpuls: *Versuchen Sie, zwischen Reiz und Reaktion bewusst zu atmen.*

Wie komplex und genial unser Gehirn in einem solchen Moment reagiert, wird z. B. an der Verlangsamung der Stoffwechselprozesse deutlich. Die Verdauung wird in einem Gefahrenmoment komplett gestoppt. Nicht auszudenken, wenn Sie auf Ihrer Flucht erst mal pinkeln müssten. Auch der Sexualtrieb wird heruntergefahren, denn die Fantasie an eine lustvolle Liebesnacht mit der Frau oder dem Mann, die / den Sie im Restaurant treffen wollen, wäre in einem solchen Moment hinderlich. Wir können Mutter Natur an dieser Stelle ein Riesenlob aussprechen. Ohne unser geniales Alarmsystem würden Sie jetzt nicht hier sitzen und das Buch lesen, denn die Menschheit wäre schon lange ausgestorben.

> Unser Alarmsystem funktioniert nach dem Motto „erst handeln – dann denken".

Übung: Dem Gehirn ein Dankeschön schenken

Unser Gehirn ist und bleibt ein Wunderwerk, das sich selbst der Wissenschaft noch nicht vollkommen erschlossen hat. Aber feststeht: Unser Gehirn macht es möglich, uns zu bewegen, zu tanzen, zu denken, zu leben, zu lieben und zu sein. Ohne unser Gehirn wären wir vollkommen verloren. Warum ihm nicht einmal dafür danken?

- Kommen Sie in eine aufrechte Sitzhaltung und schließen Sie Ihre Augen.
- Machen Sie sich Ihr Gehirn bewusst, das sich vom Hinterkopf bis zur Stirn erstreckt und ca. 1,3 kg wiegt.

- Machen Sie sich bewusst, dass Sie nur mit seiner Hilfe reflektieren, eigenständig leben und andere Menschen und sich selbst lieben können.
- Atmen Sie nun bewusst ein und schenken Sie Ihrem Gehirn auf diese Weise ein Lächeln und danken Sie ihm dafür, dass es so gut funktioniert.
- Atmen Sie aus, und wenn Sie mögen, verneigen Sie sich innerlich vor Ihrem Gehirn und danken Sie ruhig noch einmal für all das, was es für Sie leistet.
- Wenn Sie die Übung vertiefen möchten, können Sie sich auch die einzelnen Regionen vorstellen: das Reptiliengehirn, das Säugetiergehirn und den Neocortex. Da sie evolutionsbiologisch und anatomisch aufeinander aufbauen, empfiehlt es sich, mit dem Reptiliengehirn zu beginnen und ihm zuerst zu danken. Sie können dann in dieser Art und Weise bei jeder einzelnen Gehirnregion ein paar Atemzüge verweilen und jeder für ihre wundervolle Arbeit danken.
- Öffnen Sie dann wieder die Augen und machen Sie sich abschließend noch einmal Ihren ganzen Körper bewusst.

Gelassenheitsimpuls: *Bescheidenheit öffnet die Augen für den Reichtum an dem, was Sie bereits haben.*

In bedrohlichen Situationen funktionieren wir getreu dem Motto: „Erst handeln, dann denken!" – und diese Schnelligkeit rettet uns das Leben. Doch nicht immer ist dieses Verhalten hilfreich, bei psychosozialem Stress ist sie sogar oft kontraproduktiv.

Warum reagieren wir so einfältig? Die Nervenbahnen, die von unserem Alarmsystem zu unserem Präfrontalcortex laufen, entsprechen einer achtspurigen Autobahn. Die Verbindung von dort zurück zum Alarmsystem kann man jedoch lediglich mit einem Trampelpfad vergleichen. In solchen Schreckensmomenten ist Limbo taub für vernünftige Argumente. Unsere Angst oder Sorge lässt sich rational nicht wegdiskutieren. In stressigen Situationen wird zudem der größte Teil unseres Sauerstoffbestandes zu den Muskeln geschickt – zulasten des Gehirns. Das Denken fällt gleich dreimal schwerer!

> Bei Angst oder Sorgen helfen keine rationalen Argumente!

Im schlechtesten Fall dauert dieser Zustand ohne Intervention ganze 18 Minuten. Manche sprechen dann von der „Amygdala-Machtübernahme (Amygdala Hijack[5])". Oje – ganze 18 Minuten „out of order"!

Bei psychosozialem Stress gibt es jedoch keine offensichtliche äußere Bedrohung für Leib und Leben. Die Gefahr, die unser Alarmsystem anspringen lässt, ist hausgemacht: Sie kommt aus unserem Innern.

Gelassenheitsimpuls: *Denken Sie, bevor Sie handeln.*

Angst, alleine dazustehen

Niemand ist eine Insel. Menschen sind soziale Wesen, die nur in Gemeinschaft überleben können. Doch um zu einer sozialen Gruppe zu gehören, müssen wir von ihr akzeptiert und anerkannt werden. Und wir müssen sicherstellen, dass wir nicht auf einmal wieder ausgestoßen werden. Zur Lösung dieser kniffeligen Aufgabe hat die Evolution unserem Alarmsystem ein dafür passendes Untermenü hinzugefügt. Wir streben automatisch nach sozialer Anerkennung und Verbundenheit, indem wir uns unbewusst mit hohen Erwartungen an uns selbst antreiben. Befürchten wir, diese Erwartungen nicht erfüllen zu können, fühlt es sich für uns tatsächlich lebensbedrohlich an. Gaukelt uns dieses Untermenü doch vor, womöglich nicht mehr anerkannt und akzeptiert und somit ausgestoßen zu werden. Und dieser Rausschmiss kommt, nicht nur in grauer Vorzeit, einem Todesurteil gleich. Nicht immer äußert sich diese imaginierte Bedrohung eines sozialen Rausschmisses in einem starken Angstgefühl. Meist ist es eher ein diffuses Gefühl von Unwohlsein, Anspannung oder Beunruhigung.

Atmen beruhigt das Nervensystem.

1.3 Energie sparen und Negatives fixieren?

Mit unserem steinzeitlichen Alarmsystem unter der Schädeldecke haben wir eigentlich schon genug zu kämpfen. Leider ist das noch nicht alles: Zwei weitere Komponenten, die in der Grundeinstellung unseres aufs Überleben gepolten Gehirns aktiviert sind, machen uns das Leben zusätzlich schwer. Die nächste Komponente zeigt sich als besonders hinderlich, da sie uns den Einstieg in neue Denkweisen schwer macht.

Gelassenheitsimpuls: *Schalten Sie Ihren Autopiloten immer wieder aufs Neue aus. Das schärft das Bewusstsein für den gegenwärtigen Moment.*

Der Energiesparmodus

Dieser Modus verhindert wirksam, dass wir einmal eingeschlagene Wege ohne Mühen verlassen können, um uns auf Neues einzulassen. Behalten Sie dies also im Hinterkopf, wenn Sie hoch motiviert nach der Lektüre dieses Buches versuchen möchten, diesen oder jenen Ratschlag und die eine oder andere Übung in Ihr alltägliches Leben einzubauen. Seien Sie sich bewusst, dass es Sie viel Überwindung kosten wird. Beginnen Sie lieber gemäß dem Motto „Weniger ist mehr“ und freuen Sie sich über kleine Erfolge. Somit ist die Chance, dass Sie auch wirklich dranbleiben, um ein Vielfaches höher.

Gelassenheitsimpuls: *Üben Sie sich in Geduld.*

Wie wir lernen, Wissen erwerben und was wir als wahr empfinden, hängt maßgeblich mit dem Energiesparmodus zusammen. Statt Erfahrungen selbst zu machen und daraus Erkenntnis zu gewinnen, greifen wir auf Erfahrungen unserer Mitmenschen zurück. Das können auch Erfahrungen sein, die bereits Jahrhunderte zurückliegen und von Generation zu Generation weitergegeben wurden.

Internet sei Dank haben wir heute fast unbeschränkten Zugriff auf das gesamte Wissen der Menschheit, ohne dass wir selbst je etwas erfahren und daraus eine Erkenntnis gewonnen hätten. Das ist auf der einen Seite natürlich unglaublich effizient, muss das Rad so glücklicherweise nicht immer wieder neu erfunden werden. Auf der anderen Seite birgt es auch eine große Gefahr: Wer überprüft denn heutzutage noch die Informationen und „Wahrheiten", die wir vor allem aus dem Internet bekommen? Nur, weil etwas lang genug überliefert wurde oder oft genug behauptet und zitiert wird, heißt es noch lange nicht, dass es wahr ist. Und „wahr" heißt in diesem Zusammenhang auch: für unsere heutige Lebenssituation stimmig.

Der größte Teil unseres Wissens ist überliefert und nicht selbst erfahren.

Die Affen und der Schmerz

In einer Versuchsanordnung wurde in einem Affenkäfig mit fünf Affen eine Leiter aufgestellt, auf der Bananen platziert waren. Immer wenn ein Affe auf die Leiter klettern wollte, um an die Bananen zu kommen, bekamen die anderen Affen einen Stromschlag. Als die Affen auf den Schmerzreiz ausreichend konditioniert waren, wurde ein Affe entfernt und durch einen neuen Affen, der die schmerzhafte Erfahrung mit der Leiter noch nicht gemacht hatte, ersetzt. Dieser Affe versuchte relativ schnell, auf die Leiter zu klettern. Was passierte aber? Die anderen Affen hielten ihn mit Gewalt davon ab, auf die Leiter zu klettern, aus Angst, wieder mit Stromschlägen malträtiert zu werden.

So wurden nach und nach die Affen der „Generation Stromschlag" durch Affen ersetzt, die in der Leiter einfach nur eine Leiter sahen. Diese Affen lernten aber schnell, bedingt durch das Verhalten ihrer Artgenossen, dass die Leiter tabu ist und man unter keinen Umständen draufklettern darf. Selbst als nur noch jene Affen in dem Käfig waren, die den Zusammenhang zwischen Leiter und Stromschlägen nie selbst erfahren hatten, traute sich keiner mehr, auf die Leiter zu klettern. Kam ein neuer

Affe hinzu und versuchte sein Glück auf der Leiter, wurde er von den anderen Affen mit Gewalt abgehalten. Hätte man einen Affen gefragt, warum er denn den anderen Affen davon abhalte, auf die Leiter zu klettern, hätte er wohl gesagt: „Keine Ahnung, das wird hier halt so gemacht!“

Dieses Experiment wird häufig von Trainern für Teambuilding zitiert. Es gibt jedoch keinerlei verlässliche Belege, wer diesen Versuch wann und wo durchgeführt haben soll. Angeblich soll es sich um eine Forschergruppe der 60er-Jahre handeln. Doch Beweise bzw. Quellen gibt es dafür nicht. Wir müssen davon ausgehen, dass es den Versuch so nie gab. Vielmehr scheint es einer Versuchsanordnung des Primatenforschers Gordon R. Stephenson nachempfunden zu sein, welcher diesen mit Rhesusaffen 1967 durchgeführt hatte.[6] Hier ging es jedoch um einen gänzlich anderen Sachverhalt.

Somit beweist diese Geschichte gleich in zweifacher Weise, welche Fehlerhaftigkeit unserer vereinfachten Art, zu lernen bzw. Wissen / Fakten zu übernehmen, innewohnt. So, wie die Affen im übertragenen Sinne nicht nach dem „Warum“ fragen, so wird diese Geschichte einfach für bare Münze genommen – ohne zu hinterfragen, ob sie überhaupt wahr ist. Eine Quellensuche würde ja auch viel zu viel Energie kosten …

Deshalb passiert es häufig, dass wir auf Wertesystemen, Religionen, Essgewohnheiten oder auch Bildungs- und politischen Systemen beharren, die wir blind übernommen haben, obwohl sie womöglich gar nicht mehr zeitgemäß sind oder zu unserer aktuellen Lebenssituation passen.

Echtes und nachhaltiges Lernen findet nur durch eigene Erfahrung statt. Wir können noch so häufig lesen und hören, wie wichtig es ist, Sport zu treiben und für ausreichend Entspannung zu sorgen. Erst wenn es uns so richtig schlecht geht, wir ausgebrannt sind und uns emotional und körperlich in einer Sackgasse befinden, sind wir bereit, diese Informationen ernst zu nehmen und für uns selbst zu sorgen.

Übung: Werte überdenken für mehr Toleranz

Nehmen Sie sich Zeit und notieren Sie sich Ihre ganz persönlichen Werte. Verweilen Sie dann bei jedem einzelnen Wert für einige Momente und spüren Sie in sich hinein, was dieser Wert in Ihnen auslöst. Hinterfragen Sie diesen Wert: Ist es ein Wert, der sich aufgrund persönlicher Erfahrung in Ihnen etabliert hat, oder ist es ein von Ihren Eltern oder Ihren Mitmenschen übernommener Wert?

Machen Sie sich bewusst, dass jeder Wert nur eine subjektive Interpretation der Wahrheit und nicht die Wahrheit selbst ist. Seien Sie sich bewusst, dass jeder Mensch andere Werte hat und dass diese Werte für ihn genau den gleichen Stellenwert haben wie Ihre Werte für Sie. Kommen Sie so zu einer Haltung, in der Sie andere Werte akzeptieren, respektieren und aushalten können, weil sie ebenfalls nur eine subjektive Interpretation der Wahrheit sind und nicht die Wahrheit selbst.

Wir müssen uns von Werten nicht bedroht fühlen, und unsere Werte dürfen niemanden bedrohen. Die Wahrheit kann nur selbst erfahren werden, und hier macht nun mal jeder Mensch andere Erfahrungen. Erkennen wir dies, ist unser manuelles Update hin zu mehr Gelassenheit bereits um die ersten Prozentpunkte vorangeschritten.

Gelassenheitsimpuls: *Sie müssen die Welt nicht retten. Es reicht, wenn Sie sich um sich selbst kümmern.*

Der Energiesparmodus ist auch dafür verantwortlich, dass wir bei unseren täglichen Denkprozessen so viel Energie wie möglich einsparen wollen. Daher betrachten wir viel lieber bewegte Bilder, statt zu lesen. Und wenn wir lesen, dann haben wir es gerne übersichtlich und gut strukturiert. Ein Text ohne Überschriften, Absätze und womöglich noch in Blocksatz wird es schwer haben, gelesen zu werden.
Es würde uns viel zu viel Energie kosten, sich mit einem solchen Wust an Buchstaben auseinandersetzen zu müssen. Da halten wir lieber Ausschau nach leicht Verständlichem!

Eingefahrene Denkweisen sind schwierig zu ändern.

Wir denken am liebsten in bereits gut ausgebauten neuronalen Netzwerken. Im Umkehrschluss heißt das: Wir tun uns sehr schwer, alte Denkweisen über Bord zu werfen und neue Wege einzuschlagen. Einmal Gelerntes und gut Durchdachtes wird so lange beibehalten, bis wir durch irgendetwas wie z. B. ernsthafte gesundheitliche Probleme dazu gezwungen werden, neue Pfade zu beschreiten. Wir bleiben lieber in vertrautem Terrain. Da können wir schneller Entscheidungen treffen und uns besser an unsere Umwelt anpassen. Das erhöhte vor 10000 Jahren unsere Überlebenschancen exorbitant.

Gelassenheitsimpuls: *Öffnen Sie sich für Neues.*

Trügerisch ist, dass die gut ausgebauten neuronalen Netzwerke, in denen sich unser Denken so gerne bewegt, auf Erfahrungen aus unserer frühen Kindheit beruhen und diese womöglich nicht mehr unserer aktuellen Lebenssituation entsprechen. Alles, was wir in den ersten sechs Lebensjahren gelernt und erfahren haben, spielt für den Aufbau unserer ganz persönlicher „Denkstraßen" eine herausragende Rolle. Je häufiger wir einem Denkmuster folgen, desto breiter wird diese Straße, bis wir irgendwann eine gut ausgebaute Datenautobahn im Kopf haben, auf der wir blitzschnell vorwärtskommen. Nur: Ob die Richtung, in die uns diese Denkweise bringt, noch die richtige ist, muss immer wieder hinterfragt werden.

INFOKASTEN

Zehn Fakten über unser Gehirn

1. Männer haben tatsächlich mehr Gehirnmasse, durchschnittlich ca. 100 g mehr, um genau zu sein.
2. Das Gehirn ist ein regelrechter Energiefresser. Bei nur zwei Prozent Anteil an der Gesamtmasse verschlingt es 20 bis 25 Prozent des Energiebedarfs.
3. Das Gehirn ist komplett schmerzfrei. Da es keine eigenen Schmerzrezeptoren hat, können Operationen unter der Schädeldecke teilweise sogar bei vollem Bewusstsein durchgeführt werden.
4. Liebe und Hass stimulieren ähnliche Hirnareale, wobei die Liebe unser Urteilsvermögen deaktiviert, Hass nicht.
5. Es gibt ein eigenes Witzzentrum im Gehirn.
6. Am leistungsstärksten ist das Gehirn in einem Alter von 22 Jahren.
7. Pro Sekunde ist unser Gehirn elf Millionen Sinneseindrücken ausgesetzt, wovon aber nur die 40 wichtigsten herausgefiltert und weiterverarbeitet werden.
8. Steht unserem Gehirn harte Arbeit bevor, sollten wir am besten Käse essen. Die darin enthaltenen Aminosäuren liefern das passende Kraftfutter für eine schnelle Informationsweitergabe und Konzentration.
9. Täglich durchströmen das Gehirn 1200 Liter Blut und 75 Liter Sauerstoff.
10. Gehirnjogging bringt nix. Es wird dabei nur eine einseitige Fähigkeit trainiert, wie z. B. Kopfrechnen.

Negativfilter mit integriertem „Leid-vermeiden-Programm“

Hat Ihnen schon mal jemand gesagt, dass Sie oft nur das sehen, was gerade nicht gut läuft? Fällt es Ihnen schwer, etwas noch einmal zu versuchen, wenn Sie bereits schlechte Erfahrungen gemacht haben? Kommt es manchmal vor, dass Ihnen sofort 1000 Dinge einfallen, die schiefgehen könnten, wenn Sie etwas Neues ausprobieren möchten?

Menschen schenken negativen Dingen mehr Aufmerksamkeit als den positiven.

Sich auf Negatives zu konzentrieren ist ganz normal. Ohne dass es Ihnen wirklich bewusst ist, messen Sie, wie alle anderen Menschen auch, negativen Dingen viel mehr Bedeutung bei als den schönen und positiven Sachen in Ihrem Leben. Schlechte Erinnerungen fressen sich in Ihr Gedächtnis und sind ungewollt jederzeit abrufbereit. Ja, manchmal drängen sie sich sogar regelrecht in Ihr Bewusstsein.

Die schönen und positiven Erfahrungen verschwinden oder verblassen hingegen, wenn wir nicht aktive Erinnerungsarbeit leisten.

Angenommen, jemand erzählt Ihnen von seinen Urlaubsplänen. Fallen Ihnen dann gleich Beispiele ein, was in dem Urlaub alles schiefgehen könnte? Oder können Sie zu fast jedem Thema sofort kleinere oder größere Katastrophenszenarien zum Besten geben?

Herzlichen Glückwunsch! Dann haben Sie einen voll funktionsfähigen Negativfilter. Dieser wirkt sich in der Regel auch auf unser Gedächtnis aus: Negativen Erfahrungen wird deutlich mehr Speicherplatz zugewiesen, der leicht zugänglich ist und somit die Erinnerungen schnell abrufbar macht. Leider verderben wir uns oder unseren Mitmenschen somit ungewollt den Spaß an Neuem.

Kommen wir zu einer weiteren evolutionär erwünschten, uns aber immens behindernden Nebenwirkung des Negativfilters: Wissenschaftler konnten nachweisen[7], dass Unfallopfer viel länger benötigen, um sich von dieser negativen Erfahrung zu erholen, als Lottospieler nach einem Hauptgewinn. Erholen ist in diesem Zusammenhang vielleicht das falsche Wort, wer will sich schon von einem Geldsegen erholen? Aber Scherz beiseite, die Zeit, die es braucht, um wieder auf einem regulierten Gefühlszustand anzukommen, also keine übermäßige Freude oder Schrecken, ist bei positiven Dingen viel kürzer.

Gelassenheitsimpuls: *Suchen Sie ganz bewusst nach schönen Momenten.*

Sie kennen diese Effekte vielleicht aus Ihrer beruflichen Erfahrung: Selbst kleine Fehler wirken viel länger nach als ein erfolgreich abgeschlossenes Projekt. Und an einen Fauxpas können Sie sich noch nach Jahren erinnern und bekommen womöglich sogar jetzt noch heiße Backen. Die vielen Erfolge, die Sie feiern durften, sind hingegen in den hintersten Ecken Ihres Gedächtnisses platziert. Mitunter müssen wir lange suchen, um uns an sie zu erinnern.

Dank dem Negativfilter setzen wir mehr Energie ein, um Negatives von uns abzuwenden, als uns aktiv darum zu bemühen, etwas Positives zu erlangen. Wir sind sogar eher geneigt, einem Verlust vorzubeugen, als einen Gewinn zu realisieren. Und hören wir über eine Person etwas Schlechtes, so bleibt dies viel besser abgespeichert als all das Positive, was es über diesen Menschen zu berichten gibt. Und mehr noch: Manchmal erklären wir all das Positive aufgrund einer einzigen Negativmeldung als null und nichtig.

Gelassenheitsimpuls: *Umgeben Sie sich mit optimistischen Menschen.*

Der Negativfilter ist mit ein Grund dafür, warum nur wenig Menschen gut mit Kritik umgehen können. Sollten Sie einmal in die prekäre Lage kommen, Kritik üben zu müssen, so seien Sie sich immer bewusst, dass es fünf Lobesäußerungen bedarf, um die Beziehungsebene, die durch Ihre kritischen Äußerungen unweigerlich in Ungleichgewicht geraten ist, wieder auszugleichen.

Eine Kritik kann erst durch fünf Lobesäußerungen neutralisiert werden.

Der Filter hat noch eine weitere Funktion: Wir schenken nicht nur den negativen Dingen mehr Aufmerksamkeit, nein, wir fokussieren uns sogar ganz bewusst auf den Mangel bzw. auf die Dinge, die fehlen. Fatal, denn unsere Energie folgt immer unserer Aufmerksamkeit. Vielleicht ärgern Sie sich manchmal, dass es so schwerfällt, all das Schöne, Gute und Reichhaltige zu sehen, welches in Ihrem Leben vorhanden ist, und dass Sie sich stattdessen wie ein Verrückter auf das stürzen, was eben gerade nicht da ist. Der Gedankengang „Wenn ich endlich (mein Wunschgewicht / den Traumpartner / die Führungsposition ...) habe, dann kann ich glücklich sein" spiegelt diese Geisteshaltung wider. Doch diese Idee basiert auf einem Trugschluss. Bei vielen Psychotherapiepatienten handelt es sich um Personen, die alles erreicht haben, die in einer glücklichen Beziehung leben und finanziell gut dastehen. Trotzdem fehlen diesen Menschen Zufriedenheit, Gelassenheit, innerer Frieden und Glücksgefühle. Die Strategie, sein Seelenheil an bestimmte Ereignisse in der Zukunft zu koppeln, wird nicht aufgehen. Selbst wenn wir den so heiß ersehnten Meilenstein erreicht haben, macht uns die „Armutsmentalität", wie sie in der buddhistischen Psychologie genannt wird, einen fetten Strich durch die Rechnung.

***Gelassenheitsimpuls:** Schauen Sie auf das Glas, das halb voll ist!*

Es machte durchaus Sinn, dieses Feature der Grundeinstellung unseres Gehirns hinzuzufügen, denn damit bewahrte die Evolution unsere Vorfahren vor dem Verhungern.

Diesen uns heute noch eigenen „Mangelblick" macht sich die Konsumindustrie zunutze: Sie lenkt unsere Aufmerksamkeit bewusst auf (nur scheinbar) vorhandene Mangelzustände. Wir haben dann auf einmal das Gefühl, dass uns ein neuer Computer, ein neues Smartphone, bei Männern ein neues Gadget und bei Frauen ein neues Paar Schuhe fehlen, um wirklich glücklich zu sein. Natürlich ziehen wir dann flugs los und versuchen, dem Mangel mittels Shopping abzuhelfen. Haben wir die Einkaufstasche voll, fühlen wir uns zunächst einmal so richtig gut! Genau wie unsere Vorfahren, wenn sie etwas gegessen hatten. Ist unsere erste Euphorie über das neue Paar Schuhe oder die neuen Lautsprecher jedoch verflogen, obwohl diese uns doch so verlockend erschienen, stellt sich schnell wieder ein Gefühl von Mangel ein. Unsere Armutsmentalität hat zugeschlagen. Dieses Gefühl ist ganz und gar nicht angenehm. Die Grundeinstellung unseres Gehirns lässt uns nicht im Stich, aktiviert doch ein unangenehmes Gefühl sofort das „Leid-vermeiden-Progamm“: Wir kaufen uns das nächste Paar Schuhe oder lenken uns anderweitig ab, nur um dieses nagende Gefühl des vermeintlichen Mangels nicht wahrnehmen zu müssen.

Die Lust am Konsum ist evolutionär bedingt.

Das Programm „Leid vermeiden“

Allen Menschen wohnt der starke Drang inne, Unangenehmem oder Schmerzhaftem aus dem Weg zu gehen. Dieser Drang ist so stark, dass wir – einem Kleinkind gleich – eine negative Erfahrung einfach *nicht haben wollen.* Wir wollen es einfach nicht haben, dass Schönes vergänglich ist, wir oder Menschen, die wir lieben, krank und alt werden und irgendwann sterben müssen. Wir halten es nicht aus, wenn wir das Leben nicht kontrollieren können und Dinge nicht so laufen, wie wir es uns wünschen.

Unser Gehirn sucht immer einen Schuldigen.

In der buddhistischen Psychologie unterscheidet man zwischen Schmerz und Leid. Unter Schmerz fällt alles, was zum Leben gehört und in uns ein schmerzhaftes Gefühl verursacht: Alter, Krankheit, Tod, Verluste etc. Sachen, die passieren und die wir nicht ändern können. Echtes Leid entsteht jedoch erst aufgrund unserer Reaktion auf die schmerzhafte Situation. Hadern und jammern wir und reagieren z. B. mit Ärger, Zorn, Wut oder aber Verleugnung, dann leiden wir erst so richtig.

Eine sinnvolle Reaktion auf Leid und Schmerz ist Mitgefühl. Der Dalai Lama sagt, dass Mitgefühl jedem Menschen angeboren ist. Also auch Ihnen. Mit etwas Übung, wie wir Sie Ihnen im zweiten Teil näherbringen, können auch Sie schon bald in problematischen Situationen gelassen bleiben und Mitgefühl für sich selbst und andere empfinden. Wir müssen nicht länger Energie verschwenden, indem wir Dinge bejammern, die wir nicht ändern können, oder mit unserem Schicksal hadern. Wir haben dann endlich den Kopf frei, um das Leben fließen zu lassen und das Beste daraus zu machen!

Übung: Sagen Sie Ja zum Chaos!

Wenn Sie sich das nächste Mal einer Situation gegenübersehen, auf die Sie überhaupt keine Lust haben, wie z. B. Stau, übergekochte Milch oder eine geplatzte Mülltüte, um mal ein paar kleinere „Katastrophen“ zu nennen, oder wenn mal wieder irgendetwas überhaupt nicht so läuft, wie Sie sich das wünschen, sagen Sie doch einfach mal ganz bewusst und laut: „JA!“ Und lächeln Sie. Nehmen Sie die Situation genau so, wie sie ist, einfach an. Geben Sie sich ganz dem Chaos hin. Der geplatzten Mülltüte ist es sowieso egal, ob Sie sich aufregen. Sie wird deshalb nicht weniger aufgeplatzt sein. Aber für Sie ist es nicht egal. Wenn Sie bekräftigen: „Ja! Es ist halt so! Egal, was ich mache, die Situation ist so, wie sie ist. Deshalb sage ich Ja zu dieser Situation", dann wird die aufgeplatzte Mülltüte zwar immer noch eine Riesensauerei verursacht haben, aber Ihnen wird das auf wundersame Weise gar nicht mehr so schlimm vorkommen. Sollten Sie bemerken, dass Sie doch zu hadern beginnen, dann sagen Sie sich laut „Stopp! Ich will nicht jammern, denn es ändert nichts an der Situation." Seien Sie gespannt, was Sie dann erleben werden. Es ist erstaunlich, wie sehr ein einfaches Ja statt des jammernden „Neins" Ihre Einstellung und Ihr Verhalten in „Katastrophensituationen" verändern kann.

Gelassenheitsimpuls: *Sagen Sie bedingungslos Ja zu dem, was ist.*

2. Digitale Medien und Gelassenheit: Geht das zusammen?

„Es einfach tun!"

(Jon Kabat-Zinn)

Es ist schon paradox: Da haben wir die modernsten Kommunikationsmittel mit immer schnelleren und besseren Betriebssystemen und innovativen Apps für all das Hippe, Schicke und Lustige, wovon wir vor Kurzem noch gar nicht glaubten, dass wir das unbedingt haben wollen würden. Das Angebot ist so groß, dass wir die Uhr anhalten müssten, um all die Dinge nutzen zu können. Und auf der anderen Seite schlagen wir uns immer noch mit der rudimentären Ausstattung unseres Gehirns herum und verstehen nicht, warum es uns mit jedem Tag in unserer digitalisierten und auf Leistung ausgerichteten Gesellschaft schwerer fällt, einfach mal zu entspannen, abzuschalten und loszulassen.

Wir haben mehr Informationen als jemals zuvor, aber was wissen wir noch über uns? Ansichten und Meinungen werden in Hochgeschwindigkeit verbreitet, egal, ob wir sie hören wollen oder nicht. Jeden Tag taucht ein neuer Trend auf, der genauso schnell wieder verschwindet. Heute noch hot und morgen schon Schrott. Wir sind ständig erreichbar und zeigen uns transparent. Jeder hat ein Handy, und fast jeder ist online. Das Netz verbindet uns, und es verführt uns. Doch brauchen wir wirklich ein Aquarium auf dem Smartphone? Ist es tatsächlich entspannend, seine Freizeit als virtueller Kuchenbäcker oder Burgerbrater zu verbringen? Mittlerweile gibt es fast nichts, was nicht auch als digitale Version verfügbar wäre.

Oft tummeln wir uns in der digitalen Welt, um uns zu entspannen und vom Alltag abzuschalten. Meist ist jedoch das Gegenteil der Fall: Wenn wir uns mit Facebook oder irgendwelchen YouTube-Videos vom stressigen Alltag erholen wollen, will uns das einfach nicht so recht gelingen. Wir schlagen uns mit sinnlosen Spielen und Apps die Nächte um die Ohren und wundern uns, dass wir morgens wie gerädert erwachen. Statt ausgeschlafen und erholt zu sein, fühlen wir uns gereizt und angespannt und kommen nicht so recht in die Gänge. Unser oft so unüberlegter Umgang mit den Möglichkeiten der digitalen Welt trägt in hohem Maße dazu bei, dass all unsere Bemühungen in Richtung heitere Gelassenheit und innerem Frieden scheitern. Man kann sagen, dass die Menschheit dabei ist, sich vom Homo sapiens zum Homo digitalis, zu Internetjunkies, zu entwickeln.

Gelassenheitsimpuls: *Schalten Sie Ihr Handy aus.*

2.1 Facebook und Co. – die neuen Zivilisationskrankheiten

Dass wir uns selbst mit den digitalen Medien schaden, machen namhafte Untersuchungen deutlich. So hat sich der Psychologe Christian Montag, Professor an der Universität Ulm, zusammen mit dem Informatiker Alexander Markowetz von der Universität Bonn mit der Nutzung des Smartphones beschäftigt und Erschreckendes herausgefunden[8]: Die sozialen Medien sind unsere Hauptzeitfresser geworden. Kein Wunder, dass wir glauben, dass uns die Stunden zwischen den Fingern zerrinnen, und viele dabei ausbrennen. Wie sollte es auch anders sein, wenn immer mehr Menschen mit dem Smartphone in der Hand durch die Gegend laufen, so, als würden die kleinen Geräte an ihrem Handteller kleben wie das Pech am Schwefel?

Besonders zeitraubend sind Facebook und WhatsApp. Genau genommen sind es laut Prof. Montag[9] im Schnitt 32 Minuten, die Menschen mit WhatsApp, 15 Minuten mit Facebook, fünf Minuten mit Instagram und fast eine halbe Stunde mit Spielen verbringen. In einer Online-Studie von ARD und ZDF aus dem Jahre 2016[10] kam heraus, dass Durchschnittsnutzer alle zwölf Minuten und rund 80-mal pro Tag ins Netz gehen. 17–23-Jährige, die besonders am Handy kleben, werden als sogenannte Vielnutzer bezeichnet: Ihr Smartphone wird 135-mal pro Tag aktiviert. Das heißt, alle siebeneinhalb Minuten starren sie wie gebannt auf das kleine rechteckige Display. Jugendliche sind heutzutage laut einer anderen Studie sogar fünf bis sechs Stunden pro Tag online, die meisten davon über ihr Smartphone. Und die Acht- bis Zwölfjährigen sehen ihre Freunde fast nur noch virtuell. Alles in allem ist es schon so weit, dass 600.000 Jugendliche internetabhängig sind.[11] Das sind doch Zahlen, die aufrütteln, oder nicht?

Alle zwölf Minuten greifen wir zum Handy.

Gelassenheitsimpuls: *Tun Sie öfters mal nichts.*

Allein die Ergebnisse seiner Untersuchung über den durchschnittlichen Handykonsum empfand Prof. Montag – und nicht nur er – als ziemlich erschreckend. Denn, so stellte er fest, die unmittelbare Kommunikation bleibt dabei immer mehr auf der Strecke. Mittlerweile werden weniger als zehn Minuten mit persönlichen Telefonaten verbracht, und eine weitere Studie der University of Darby[12] besagt, dass Eltern ihre Zeit lieber am Smartphone verbringen und so mit ihren Kindern heute oftmals weniger als zehn Minuten am Tag sprechen. Prof. Ulrich Spitzer von der Universität Ulm macht diese Geräte und deren permanenten Gebrauch sogar dafür verantwortlich, dass immer mehr Menschen – flapsig ausgedrückt – verblöden und im schlimmsten Fall an digitaler Demenz erkranken.[13] Diese ganze Entwicklung ist nicht gut für unsere Gesundheit und unser Gehirn. Aber dazu kommen wir später.

Für viele Menschen ist die Gewohnheit, aufs Handy zu schauen, mittlerweile sogar zur Sucht geworden! Für Experten, die sich mit der Auswirkung der Smartphone-Nutzung beschäftigen, gleicht deren Verhalten dem Umgang mit Glücksspielautomaten. Ein übermäßiger Konsum kann somit z. B. zur Vernachlässigung wichtiger täglicher Aufgaben oder des direkten sozialen Umfelds führen. Und eine Nichtnutzung kann sogar Entzugserscheinungen hervorrufen.

Ob in der Bahn, an der Supermarktkasse, während der Arbeit, ja sogar beim Autofahren oder im Bett: Die Beschäftigung mit dem Smartphone findet quasi immer und überall statt. Und anstatt etwas dagegen zu tun, unterwirft sich der Mensch dieser Entwicklung noch. In China wurde sogar extra ein Gehweg für Smartphone-Nutzer erbaut. Leider unterschätzen wir dabei die negativen Auswirkungen auf unsere Gesellschaft: Der permanente Handykonsum wirkt sich im Großen wie im Kleinen auf unsere Beziehungen aus. Der Blick aufs Handy ist heute wichtiger geworden als der Blick in die Augen der Liebsten.

> Wir verbringen mehr Zeit mit dem Smartphone als mit unseren Liebsten.

Haben Sie Ihren Smartphone-Konsum schon einmal überprüft? Die folgenden Fragen können Ihnen eine Antwort darauf geben, wie es um Sie in puncto Suchttendenz steht.

SELBSTTEST

Wie steht es um Ihren Handykonsum?

1. Verbringen Sie mehr Zeit mit Ihrem Handy als mit Ihren Freunden?
2. Reagieren Sie sofort auf jedes Signal, dass das Eintreffen einer neuen Message signalisiert?
3. Sie können keine Mahlzeit in Ruhe zu sich nehmen, ohne Ihr Handy immer wieder zu checken?
4. Sie nutzen das Handy, um sich von wichtigen Aufgaben abzulenken?
5. Sie erledigen so viel wie möglich über das Handy und gehen kaum noch aus dem Haus?
6. Sie fühlen sich von der Welt abgeschnitten, wenn Sie Ihr Handy mal nicht dabeihaben?
7. Sie schenken Ihrem Handy mehr Aufmerksamkeit als dem Straßenverkehr?

Haben Sie mehr als vier Fragen mit Ja beantworten, ist es an der Zeit, Ihr Handy öfter liegen zu lassen – oder besser noch: es einfach mal ganz abzustellen. Schließlich wollen Sie doch gelassener werden.

Sich selbst und andere vor den Kopf stoßen

Verschiedene Studien haben gezeigt, dass die meisten Menschen gerne weniger Zeit mit ihrem Handy verbringen würden, als sie es faktisch tun. Viele kaufen sich alle zwei Jahre für gut 700 Euro ein Gerät, zahlen Unsummen für Zubehör und kriegen fast einen Herzinfarkt, wenn es ihnen mal zu Boden fällt. Dabei wissen sie, dass sie ihr Handy unglücklich und süchtig macht, schlecht für die Augen ist und darüber hinaus auch noch jede Menge Schuldgefühle in Gang setzt. Manfred, ein süchtiger Handybenutzer, erzählte, dass er ein schlechtes Gewissen gegenüber seinem vierjährigen Sohn habe, weil er sich mehr mit seinem Handy beschäftige, als mit dem Kleinen zu spielen. Während Maria mit ihrem Freund im Restaurant sitzt, schaut sie permanent auf ihr Smartphone, obwohl sich die beiden eine ganze Woche lang nicht gesehen haben. Dieses Phänomen wird übrigens als Phubbing bezeichnet. Phubbing ist ein Kunstwort, das sich aus phone und stubbing (vor den Kopf stoßen) zusammensetzt. Es bringt genau das zum Ausdruck, was passiert, wenn unser Gesprächspartner permanent aufs Handy schaut. Besonders wenn dies in solchen Momenten geschieht, in denen wir ihm – zumindest aus unserer Sicht – etwas sehr Intimes oder Wichtiges erzählen wollen. Wer fühlt sich da nicht vor den Kopf gestoßen, wenn man einem Freund das Herz ausschüttet, doch der seinen Blick alle paar Sekunden auf das Display seines Smartphones richtet?

Der absolute Gipfel ist jedoch, wenn Paare ihre Angelegenheiten wie Heiratsantrag oder Trennung über ihr Smartphone regeln. Verrückte Welt!

Gelassenheitsimpuls: *Umarmen Sie Ihre Freunde.*

Warum Smartphones abhängig, unproduktiv und unglücklich machen und wieso sie immer mehr Menschen in einen Burn-out treiben, wird leicht verständlich, wenn wir einen Blick unter die Schädeldecke werfen und uns Limbo zuwenden. Egal, was uns gerade widerfährt, Limbo reagiert sofort auf jeden äußeren Reiz. Wie ein kleines Kind. Sobald etwas vermeintlich Spannendes, Aufregendes oder Attraktives passiert, wird er aktiv und will es haben oder ausprobieren.

Gelassenheitsimpuls: *Lassen Sie sich nicht von einer kurzfristigen Befriedigung Ihrer Wünsche leiten.*

Walter Mischel, ein österreichisch-US-amerikanischer Persönlichkeitspsychologe, führte mit Vorschulkindern am Stanford-Campus in den USA in den späten 60ern und frühen 70ern einen Versuch durch.[14] Das Experiment, bekannt als Belohnungsaufschub-Paradigma oder umgangssprachlich als Marshmallow-Experiment, sollte Auskunft darüber geben, wie gut Cort Limbo kontrollieren kann. Der Versuchsleiter legte einem Kind ein Marshmallow auf den Tisch und erklärte ihm, dass er das Kind damit nun alleine ließe. Sollte die Süßigkeit bei seiner Rückkehr immer noch auf dem Tisch liegen, so bekäme das Kind ein zweites Marshmallow, quasi als Belohnung fürs Warten. In den Köpfen der Kinder ging es rund zwischen Limbo und Cort. Ergebnis: Einige Kinder konnten warten und andere nicht. So weit, so gut. Bislang noch nichts Spektakuläres. Spannend wird es aber jetzt: Mischel hat den Lebenslauf der Kinder beobachtet, und diejenigen, bei denen sich Cort durchsetzen konnte, waren nicht nur erfolgreicher, sondern auch im hohen Maße stressresistenter. Ihre Fähigkeit zur Resilienz war viel ausgeprägter.

Gelassenheitsimpuls: *Sagen Sie einfach NEIN!*

Laut dem Experiment können wir umso besser mit Stress umgehen, je weniger wir uns von Limbo leiten lassen. Je durchsetzungsfähiger Cort ist, desto gelassener bleiben wir also auf Dauer. Wir müssen Cort stärken und darüber hinaus lernen, den Zeitpunkt zwischen Reiz und Reaktion wahrzunehmen und auszudehnen. Was wir dafür brauchen, ist eine Sekunde! Diese wichtige Sekunde schenkt Ihnen Achtsamkeit.

Je länger wir auf eine Belohnung warten können, desto stressresistenter werden wir.

Wenden wir das Ergebnis dieses Experiments auf unsere Smartphone-Nutzung an, so sagt es uns Folgendes: Je häufiger wir es schaffen, dem Drang zu widerstehen, jede neu eingetroffene Nachricht gleich zu checken, desto weniger geraten wir in Stress. Geben wir jedoch jedem Reiz sofort nach, dann aktivieren wir damit ungewollt unser Alarmsystem 1.0. Diese Betriebsversion nennt man auch den Savannen-Modus, weil unsere Vorfahren früher in einer savannenähnlichen Landschaft gelebt haben und beim Durchschreiten dieser Gegend permanent in einer besorgt wachsamen Anspannung waren.

SELBSTTEST

Checken Sie Ihre Resilienzfähigkeit

Bitte lesen Sie sich folgende Aussagen aufmerksam durch und spüren Sie genau in sich hinein. Wichtig ist, dass Sie die Aussagen nach Ihrer aktuellen subjektiven Einschätzung bewerten. Bewerten Sie die Aussagen nicht hinsichtlich dessen, was Sie glauben, wie Sie reagieren müssten, sondern bewerten Sie die Aussagen genau so, wie sie sich für Sie anfühlen.

Sie haben die Möglichkeit, von 1 (= nein, dem stimme ich überhaupt nicht zu) bis 7 (= jawohl ja, das stimmt zu 100 Prozent) Ihre Bewertung vorzunehmen.

1. Was ich anfange, führe ich auch zu Ende.

   Punkte: ________

2. Irgendwie komme ich immer über die Runden.

   Punkte: ________

3. Mich haut so schnell nichts um.

   Punkte: ________

4. Ich nehme mich so an, wie ich bin.

   Punkte: ________

5. Multitasking ist kein Problem für mich.

   Punkte: ________

6. Ich habe einen starken Willen.

   Punkte: ________

7. Wenn mir das Leben eine Zitrone gibt, dann mach ich Limonade daraus.

   Punkte: ________

8. Ich fühle mich nicht schnell gelangweilt.

   Punkte: ________

9. Ich kann mich gut in andere Personen hineinversetzen.

   Punkte: ________

10. Auch wenn etwas nicht zu meinen Vorlieben zählt, kann ich es trotzdem machen.

    Punkte: ________

11. Meistens finde ich auch eine Lösung für schwierige Situationen.

    Punkte: ________

12. Ich muss nicht Everybody's Darling sein.

    Punkte: ________

13. Für alles, was ich machen muss, habe ich ausreichend Energie.

    Punkte: ________

Nun zählen Sie alle Punkte zusammen.

Gesamtpunktzahl:

Auswertung

13–43 Punkte: Ihre Nerven könnten eine Pause gebrauchen!

Von stressigen Situationen erholen Sie sich schlecht oder womöglich gar nicht. Gönnen Sie sich deshalb genügend Schlaf. Schaffen Sie sich immer wieder eine kleine oder besser noch eine große Auszeit. Das wird Ihnen guttun und Ihnen neue Kräfte schenken. Achten Sie besser auf sich und räumen Sie Ihrer Gesundheit und Entspannung die höchste Priorität ein. Ein Gelassenheitstraining ist für Sie absolut ratsam, sonst laufen Sie früher oder später Gefahr, den Herausforderungen des immer stressiger werdenden Lebens nicht mehr gewachsen zu sein.

44–66 Punkte: Nehmen Sie nicht alles so persönlich!

Schon kleinste Anlässe führen bei Ihnen zu einem unangenehmen Gefühl von Stress, der in Ihnen noch lange nachwirkt, obwohl die Situation schon lange vorbei ist. Vielleicht knabbern Sie noch Stunden später an einer bissigen Bemerkung oder regen sich beim Erzählen von stressigen Situationen erneut wieder auf. Lachen Sie mehr über sich. Lassen Sie die fünf einmal gerade sein. Machen Sie sich bitte bewusst, dass es keine äußeren Stressoren gibt, sondern dass es an uns selbst liegt, wie wir auf äußere Umstände reagieren. Der Weg zur heiteren Gelassenheit ist für Sie vielleicht etwas länger, aber auf jeden Fall machbar.

67–72 Punkte: Sie verfügen über eine gesunde Resilienzfähigkeit.

Die meisten Stresssituationen können Sie gut meistern und erholen sich davon auch recht schnell wieder. Ab und an fällt es Ihnen aber doch schwer loszulassen, und Sie wünschen sich wahrscheinlich insgeheim etwas mehr Gelassenheit. Mit nicht allzu großem Aufwand ist dies auch zu erreichen! Legen Sie dazu die Füße öfter mal hoch. Hören Sie zu, was Ihnen der Wind zu erzählen hat. Dann werden Sie noch mehr mit Ihrer Intuition in Kontakt kommen.

73–91 Punkte: Sie sind ein souveräner Stress-Meister!

Es gibt kaum etwas, das Sie richtig aus der Bahn werfen kann. Stressige Situationen meistern Sie meist souverän. Selbst wenn es mal etwas heftiger zur Sache geht, können Sie sich schnell erholen und erreichen wieder Ihren ausgeglichenen Ruhezustand. Verleihen Sie Ihren Ideen ruhig öfter Flügel. Kultivieren Sie die Kunst, Dinge unverrichtet zu lassen. Das können Sie sich leisten.

Der Savannen-Modus

Der Umgang mit Smartphones und digitalen Medien versetzt uns leider viel zu oft in den Savannen-Modus. Wenn wir uns in diesem leicht erregbaren Zustand befinden, heißt das für Cort erst mal notgedrungen Sendepause. Die Geräte versprechen Limbo mit ihrem ständigen Plings, Ssrrrs und Likes hingegen viel Spaß. Er umfasst neben unserem Bedrohungszentrum auch unser Belohnungszentrum. Wenn wir mit unseren Mitmenschen kommunizieren, stimuliert das diese Gehirnregion. Schließlich sind wir hochgradig soziale Wesen, die alleine nicht überleben könnten. Der Austausch mit anderen Menschen ist für uns lebenswichtig. Kommt es also zu irgendeiner Art von zwischenmenschlicher Begegnung – sei es ein Gespräch, eine E-Mail oder auch nur ein Like auf Facebook –, bekommt Limbo einen Belohnungsschub in Form von körpereigenen Hormonen wie Dopamin und Serotonin. Serotonin ist auch bekannt als das „Erfolgshormon". Dopamin brauchen wir, damit wir etwas erreichen oder leisten können. Tritt eine Belohnung ein, wird noch mal eine Dosis Dopamin ausgeschüttet. Dieser „körpereigene Drogenmix" versetzt uns in gute Stimmung, die wir sehr gerne und immer wieder erreichen wollen. Denn, und das sagte bereits Buddha vor zweieinhalbtausend Jahren: „Alle Wesen möchten glücklich sein und Leid vermeiden."

Wir sind Handy-Junkies, weil wir uns nach sozialem Austausch sehnen.

Doch auch ohne Handy-Benachrichtigung schauen wir von Zeit zu Zeit einfach mal so auf unser Display, in der Hoffnung, dass eine neue Nachricht eingetroffen ist und uns einen kurzen Hormonschub verschafft. Die Glückshormone werden nach einer gewissen Zeit wieder abgebaut und hinterlassen ein schales Gefühl. Kennen Sie diese Momente, in denen sich in Ihnen Leere breitmacht und Sie, um dieser zu entgehen, schnell zum Smartphone greifen? Zählen Sie doch spaßeshalber einmal mit, wie oft Sie am Tag Ihr Handy zur Hand nehmen.

Übung: Blick aufs Handy

Zählen Sie einen ganzen Tag, wie oft Sie auf Ihr Handy schauen. Am besten machen Sie eine Strichliste, damit Sie es schwarz auf weiß sehen, wie eng Sie mit Ihrem Handy verbandelt sind. Sollten Sie häufiger als 30-mal auf Ihr Smartphone schauen, ist es an der Zeit, dem entgegenzuwirken. Sie wollen doch schließlich gelassener werden, oder nicht?!

Handykonsum herunterfahren

Ihren Handykonsum können Sie gezielt reduzieren. Fangen Sie einfach mit kleinen Veränderungen an.

Die folgenden Empfehlungen sind ein kleiner, aber wirksamer Anfang und unterstützen Sie darin, selbst wieder Herrin oder Herr im eigenen Kopf zu werden statt Sklave Ihres Handys.

- **Wecker statt Handy.** Kaufen Sie sich einen Wecker und lassen Sie sich von ihm wecken. Dann ist nicht das Handy das Erste, was Sie morgens in die Hand nehmen, sondern die Hand Ihres Lebenspartners oder das Pfötchen Ihres Haustiers. Das wird übrigens auch Ihren Schlaf verbessern – und Ihre Beziehung erfrischen.
- **Erst Duschen, dann checken.** Gehen Sie zuerst ins Bad, bevor Sie Ihr Handy anschalten. Das ist natürlich eine große Herausforderung, besonders dann, wenn Sie alleine leben und keine direkte Ansprache haben. Aber wahre Gelassenheit können wir ja sowieso nur dann entwickeln, wenn wir mit uns selbst im Reinen sind.

- **Tragen Sie eine Armbanduhr.** Wenn Sie eine Armbanduhr tragen und das Handy in der Tasche lassen, wissen Sie, wie spät es ist, ohne sich der Gefahr auszusetzen, sich gleich wieder in anderen (digitalen) Sphären zu verlieren. Außerdem tragen heute nur noch wenige Menschen Uhren. Das wäre doch gleich eine Möglichkeit, mal etwas aus der Masse herauszustechen und durch eine schöne Uhr aufzufallen. Wenn Sie Ihr Handy aber partout nicht in der Tasche lassen wollen und es stattdessen in Ihrem Blickfeld sein soll, dann versuchen Sie doch zumindest, nicht unmittelbar auf jedes Signal zu reagieren.
- **Eine Minute warten …** Wenn Ihr Handy das nächste Mal surrt, halten Sie einfach eine Minute inne, bevor Sie auf die gerade eingegangene Nachricht reagieren. Konzentrieren Sie sich derweil auf Ihre Füße und nehmen Sie ganz bewusst den Kontakt der Füße mit dem Boden wahr. Lenken Sie auf diese Weise Ihre Achtsamkeit um – weg von der Nachricht, hin zu den Füßen. Wenn Ihnen das gelingt, loben Sie sich! Freuen Sie sich darüber, dass Sie einen Anfang gemacht haben: Weg von der Fremdbestimmtheit, hin zur Selbstermächtigung.
- **Zeitschlucker deaktivieren.** Wenn Sie auf jede Nachricht sofort reagieren, verlieren Sie wichtige Zeit, denn es dauert ganze zwei Minuten, bis Sie gedanklich wieder zu dem zurückfinden, was Sie vor der Handy-Ablenkung gemacht haben. Das führt bei der Vielzahl an Nachrichten, die wir im Verlauf eines Tages erhalten, dazu, dass wir immer mehr Schwierigkeiten haben, uns auf das zu konzentrieren, was wir gerade tun. Und das führt dann natürlich zu Stress und Unzufriedenheit, weil wir unser Tagespensum nicht mehr schaffen. Je häufiger wir im Verlauf eines Tages auf das Handy schauen, desto gestresster werden wir.

Jede Handy- oder E-Mail-Unterbrechung kostet uns zusätzlich zwei Minuten Zeit, um wieder zu dem zurückzufinden, was wir vorher gemacht haben.

Trugschluss statt Realität

Wir glauben, uns über das Smartphone sozial vernetzen zu können, ja selbst der Begriff „soziale Medien“ weckt die Vorstellung von einem gemütlichen virtuellen Raum, in dem sich die Menschen ganz zwanglos unterhalten. Doch das ist ein Trugschluss. Es ist so leicht geworden, sich mit anderen zu vernetzen, dass es fast nichts mehr bedeutet. Wissenschaftlich erwiesen ist mittlerweile: Wer viel „sozial“ im Netz unterwegs ist, verliert den echten, realen Kontakt zu seinen Mitmenschen. Und das ist fatal. Limbo braucht nämlich den zwischenmenschlichen Austausch im echten Leben, damit es ihm gut geht. Und wenn Limbo leidet, leiden auch wir.

Übung: Offline sein

Ein achtsamer Umgang mit digitalen Medien unterstützt Sie darin, gelassener zu werden. Daher: Trauen Sie sich, die Zeit auszuweiten, in der Sie kein Handy benutzen. Schalten Sie es doch um 17 Uhr, mit Beginn Ihres Feierabends, einfach aus. Nehmen Sie wahr, welche Gedanken, Gefühle und Körperempfindungen dann in Ihnen aufsteigen. Machen Sie sich dazu ein paar Notizen und nehmen Sie achtsam und bewusst wahr, in welchen Momenten Sie die Tendenz haben, zum Handy zu greifen. Machen Sie spaßeshalber eine Strichliste und kategorisieren Sie, in welchen Gefühlslagen Sie zum Handy greifen. Das könnte z. B. sein bei:

Langeweile – Einsamkeit – Traurigkeit – Angst – Frustration – Hunger – Freude – Stress – …

Übung: Offline für Helden

Jetzt kommt eine Übung für Helden! Lassen Sie Ihr Handy mal einen ganzen Tag lang aus. Ein Samstag oder Sonntag eignet sich für diese Erfahrung besonders gut. Notieren Sie, was Sie in der Zeit an positiven Dingen erleben und sehen. Nutzen Sie diesen Tag, um in Ruhe zu meditieren, oder besser noch: Treffen Sie Freunde! Reale Freunde. Solche, die Sie vielleicht schon länger nicht mehr gesehen haben, weil Sie den ganzen Tag beschäftigt sind. Welche Gefühle überschwemmen Sie, wenn nichts piept oder blinkt? Wie gut können Sie sich auf eine Sache konzentrieren?

Übung: Disziplin üben

Checken Sie Ihre Nachrichten auf dem Handy zu festgelegten Zeiten: zweimal täglich (morgens und abends), dreimal täglich oder viermal täglich. Alle Nachrichten, die zwischen diesen Zeiten reinkommen, bearbeiten Sie erst im nächsten Zeitblock. Diese Vorgehensweise macht es Ihnen möglich, wieder am normalen Leben teilzunehmen und darüber hinaus konzentrierter und effektiver zu arbeiten. Sie verringern so die Gefahr, in den Savannen-Modus zu rutschen und in einer besorgt-angespannten Haltung durch den Alltag zu marschieren.

Gelassenheitsimpuls: *Erziehen Sie sich zu mehr Disziplin.*

> Exzessiver Handykonsum führt zu höherer Wachsamkeit.

Doch nicht nur die Art und Weise, wie wir mit digitalen Kommunikationsmedien umgehen, führt dazu, dass die Grundeinstellungen unseres Gehirns gefestigt werden. Besonders die Inhalte, die wir konsumieren, liefern Brennstoff für unser Alarmsystem und versetzten es in einen noch reaktiveren Zustand, als es natürlicherweise schon ist.

2.2 Krimis, Horror-Schocker und Schreckensnachrichten

Schon immer waren die Menschen ganz wild darauf, sich zu fürchten. Wir mögen es, uns zu gruseln, weil wir genau wissen, dass das, was wir sehen, nicht real ist. Wir lieben das Gefühl, wenn der Grusel nachlässt. Wir empfinden „Angstlust".

Mord und Totschlag gab es bereits in vielen großen Werken der Weltliteratur. Gruselgeschichten werden seit Generationen gerne gehört, gelesen und geschaut. Sogar die guten alten Märchen strotzen geradezu vor Gewalt: Da wird Rotkäppchen vom Wolf verschlungen, dieser dann vom Jäger aufgeschnitten, bekommt den Bauch mit Steinen gefüllt und stirbt elendig. Bei Max und Moritz verarbeitet der Müller die beiden Lausebengel zu Mehl. Bei Struwwelpeter werden die Protagonisten mal verbrannt, mal verstümmelt, oder ihnen wird etwas ähnlich Grausames angetan.

Auf die Frage, warum wir uns so gerne gruseln, gibt es viele Theorien. Manche sagen, es hilft den Menschen, ihre Aggressionen abzubauen. Manche vermuten, dass eine „ausgleichende Gerechtigkeit", die gerne auch gewalterfüllt dargestellt werden darf, der Gesellschaft ein Gefühl von Sicherheit vermittelt. Beim Gruseln passieren in unserem Körper jedoch allerlei Dinge, die der heiß ersehnten Gelassenheit gehörig im Wege stehen. Wenn wir uns gruseln, dann ist Limbo nicht weit. Je nachdem, wie realistisch wir das, was uns zum Fürchten bringt, einschätzen, reagiert er: Empfinden wir einen Horrorfilm oder Krimi als realitätsnah, reagieren wir auf die fiktive Bedrohung genauso, als ob tatsächlich Gefahr für unseren Leib und unser Leben bestünde. Das Alarmsystem schlägt gehörig aus, und wir werden in den uns schon bekannten Flight-or-Fight-Modus versetzt. Deshalb laufen wir während eines Horrorfilmes auch schon gerne mal zur Toilette oder zum Kühlschrank.

Das Problem der Angstlust ist, dass wir zwei unterschiedliche Gefühlszustände nicht gleichzeitig erleben können. Wir können uns entweder fürchten oder wissen, dass es nicht real ist, und dann lässt die Furcht nach. Wir durchleben beim Schauen eines Krimis oder Horrorfilms immer den Zustand der Furcht mit seinen ganzen negativen Auswirkungen auf unser Streben nach Gelassenheit.

Gelassenheitsimpuls: *Reduzieren Sie Ihren Krimi- und Horrorfilmkonsum.*

Angstlust lässt uns schreckhafter werden.

Von dieser Angstlust profitieren die großen Verlags- und Medienhäuser, die uns täglich Nachrichten liefern. Sie müssen Geld verdienen und agieren nach dem Kriterium: Quote, Auflage oder – in neuester Zeit – Klicks und Visits. Täglich passieren Millionen schöne Dinge auf der Welt, über die man berichten könnte, aber gute Verkaufszahlen bringen Schreckensnachrichten. Unsere Angstlust macht's möglich!

Damit viele Bad-News-Artikel angeklickt oder möglichst viele Zeitschriften mit Horrormeldungen verkauft werden, bemühen sich die Verlage, die Aufmerksamkeit der Leser mit brutalen Bildern und anschaulicher Sprache zu gewinnen. Damit bahnen sie sich einen direkten Weg zu Limbo ins Gehirn.

Mit Worten allein kann Limbo nämlich gar nichts anfangen. Was empfinden Sie bei dem Wort „Schmerz"? Hören Sie genau in sich hinein. Mit aller Wahrscheinlichkeit werden Sie nichts empfinden. Jetzt stellen Sie sich bitte Folgendes vor: Sie stehen in der Küche, nehmen schwungvoll Ihren Arm zurück und stoßen voller Wucht mit dem Ellbogen gegen die Holzanrichte. Was empfinden Sie jetzt? Hier kann die Spannbreite von leichtem Unbehagen bis zu einem Gefühl des Schmerzes reichen, das dafür sorgt, dass Sie Ihr Gesicht verziehen und, je nachdem, wie groß Ihre Vorstellungskraft ist, sich an den Ellenbogen fassen. Sie haben eben am eigenen Leib erfahren, dass Limbo nur auf Bilder reagiert. Und genau das machen sich Werbung, Verlage und Sender zunutze! Unsere Lust am angenehmen Gruseln bringt den Verlagen und Medienhäusern Milliarden von Euro ein.

Dieses Geschäft lohnt sich jedoch nur für den Herausgeber. Die Schreckensnachrichten wirken sich nämlich viel negativer auf die Psyche der Menschen aus, als ihnen bewusst ist. So wurde beispielsweise in einer Studie[15] nachgewiesen, dass in der Schweiz nach den katastrophalen Ereignissen im Jahr 2001 (9/11) signifikant mehr Personen wegen Depressionen und Ängsten behandelt werden mussten als im Referenzjahr 2000. Diese Zahl blieb ca. zwei Jahre stabil und relativierte sich im Zeitraum 2003 bis 2008 wieder. Dieser Effekt trat ein, obwohl die meisten Schweizer gar nicht von den Ereignissen in den USA direkt betroffen waren, sondern davon nur über die Medien erfahren hatten.

Gelassenheitsimpuls: *Nehmen Sie sich Zeit für schöne Liebesfilme.*

Übrigens leiden Frauen stärker unter negativen Nachrichten als Männer. Dies zeigt folgendes Experiment[16]: Eine Gruppe von Männern und Frauen bekam entweder zwölf neutrale Nachrichten oder zwölf schlechte Nachrichten zu lesen. Danach setzte man die Versuchspersonen unter Stress: Sie mussten unter Zeitdruck Rechen- und Textaufgaben lösen. Nach ca. 20 Minuten wurde den Teilnehmern eine Speichelprobe entnommen, um das Stresslevel anhand der Cortisolkonzentration zu untersuchen. Dabei zeigte sich, dass besonders Frauen, die vor der stressigen Situation die schlechten Nachrichten gelesen hatten, einen deutlich höheren Stresspegel bei der Lösung der Aufgaben vorwiesen als die Frauen, die die neutralen Meldungen bekommen hatten. Bei den Männern gab es keinen signifikanten Unterschied. Interessant dabei ist, dass die Stressreaktion nicht etwa beim Konsumieren der schlechten Nachrichten auftritt, sondern erst bei einer darauffolgenden Stresssituation, die mit

Unter schlechten Nachrichten leiden Frauen mehr als Männer.

den Nachrichten gar nichts zu tun hat. Die Forscher schlossen daraus, dass Frauen durch schlechte Nachrichten anfälliger für Stress werden.

Gut zu wissen, oder? Dass es so ist, können wir Frauen leider nicht ändern, aber frau kann ihr Verhalten dementsprechend ausrichten. Wenn Sie also selbst dazu tendieren, ständig in irgendwelchen News-Portalen zu surfen und sich die Horrorbilder von Kriegen, Anschlägen und Überfällen wie hypnotisiert anzuschauen, ist es für Ihr Dasein gesünder, auf entsprechende Videos zu verzichten und auch besonders emotional aufgemachte Nachrichtendarstellungen zu vermeiden. Natürlich ist es wichtig zu wissen, was in der Welt geschieht, aber die Informationen kann man sich auch über weniger plakativ gestaltete Nachrichten holen. Diese Meldungen gehen zwar nicht mehr ganz so unter die Haut, versprechen langfristig aber mehr Gelassenheit. Hier hat das Internet auch positive und nutzvolle Seiten. Es gibt wirklich hervorragende News-Apps, bei denen man seine Interessen einstellen kann und sehr sachlich informiert wird. Seien wir doch mal ehrlich: Müssen wir es wirklich wissen, wenn irgendwo in China ein Sack Reis umkippt?

Gelassenheitsimpuls: *Baden Sie in Blumen.*

Erschwerend kommt die in unserem Gehirn fest verdrahtete Negativitätstendenz hinzu. Sie erinnern sich, das ist unser Drang, dem Negativen deutlich mehr Aufmerksamkeit zu schenken als den positiven Dingen im Leben. Diese Support-Komponente ist in der Grundeinstellung unseres Gehirns fest installiert und führt dazu, dass wir uns automatisch von den Schreckensnachrichten angezogen fühlen. Es kostet also verdammt viel Überwindung, sich nicht einfach diesem Drang hinzugeben. Denken Sie nur an all die ganzen Schaulustigen, die bei einem Unfall kilometerlange Staus verursachen. Man muss sich doch regelrecht zwingen, seinen Kopf nicht dem Schrecken zuzuwenden, wenn man an einer solchen Stelle vorbeifährt. Diesem Drang dauerhaft zu widerstehen ist nur mit einem manuellen Update möglich.

Übung: Good News statt Bad News!

Lesen Sie nur einmal am Tag die wichtigsten Nachrichten. Aber bitte nicht vor dem Schlafengehen! Sorgen Sie dafür, dass Sie Augen und Ohren für gute Nachrichten öffnen und schulen! Mittlerweile gibt es Projekte, die sich darauf spezialisiert haben, nur noch gute Nachrichten in Umlauf zu bringen.

Übung: Weisheit statt Terror

Beenden Sie den Tag mit einem guten Gedanken, einem berührenden Zitat oder einem weisen Spruch. Es gibt wunderschöne Kalender, die voll sind mit schönen Zitaten. Stellen Sie sich einen solchen Kalender auf Ihr Nachttischschränkchen. Dort, vor früher Ihr Handy lag, ist doch der ideale Platz dafür. Bevor Sie das Licht löschen, lesen Sie noch ein Zitat und lassen Ihr Herz davon berühren. Wiederholen Sie es wie ein Mantra und verinnerlichen Sie den Sinn dieser Aussage. Damit nähren Sie Little Buddha Cort, und Limbo kann ganz entspannt einschlafen.

2.3 Online-Fesseln

Neben dem Handy macht uns auch die elektronische Post das Leben schwer. Die tägliche Flut von E-Mails, die uns überschwemmt, ist kaum noch zu bewältigen. Manchmal raubt sie uns sogar den Schlaf.

Ein weiteres Kreuz mit dem Internet ist die ständige Erreichbarkeit. Doch das Internet ist daran nicht schuld, es schafft lediglich die Voraussetzungen. Wir sind es, die on oder off sagen. Das gilt vor allem für Feierabend und Urlaub.

Besonders dann, wenn man mit Firmen in Asien, Afrika und Amerika zusammenarbeitet, fühlt man sich jedoch oft gezwungen, rund um die Uhr erreichbar zu sein und auf einkommende Korrespondenz zu reagieren.

Gelassenheitsimpuls: *Machen Sie sich bewusst, dass die Welt nicht untergeht, wenn Sie zwölf Stunden nicht erreichbar sind.*

Manchmal fragt man sich, wie das Leben früher überhaupt funktionieren konnte. Ein Vertreter zum Beispiel war ohne Navi den ganzen Tag im Auto unterwegs zu Kunden, um ihnen diverse Produkte zu verkaufen. Er hatte kein Handy, kein Tablet und kein E-Mail-Programm. Wenn Stau war, dann kam er halt zu spät. Verträge wurden per Post geschickt, Anfragen kamen meist über die Sekretärin, und bei Rückfragen hat man telefoniert und nicht zig Mal hin und her gemailt. Das Beste dabei war aber die zeitweise Unerreichbarkeit! Am Feierabend, am Wochenende oder im Urlaub war man einfach mal nicht da. Es gab keinen Kollegen, Chef oder Kunden, der etwas wollte. Man konnte sich noch ganz seiner Rolle als Ehepartner und Elternteil hingeben. Natürlich hat man sich auch Gedanken zur Arbeit gemacht, hatte hin und wieder Sorgen, ob alles so klappt, wie man sich das vorstellt. Aber es gab ihn noch, den Luxus der temporären Unerreichbarkeit.

Ständige Erreichbarkeit macht auf Dauer krank!

Es kommt nicht von ungefähr, dass immer mehr Menschen das Bedürfnis nach einem „medialen Detox“ haben. Wir spüren alle eine tiefe Sehnsucht nach Ruhe. Doch gleichzeitig spielen wir das Spiel mit den modernen Kommunikationsmedien ja auch zu gerne mit. Limbo treibt uns an und lockt mit kurzfristigen Hormonflashs. Kurzfristig sind wir zufrieden, langfristig sind wir leer.

Wege aus der E-Mail-Falle

Wächst Ihnen die Zahl der eingehenden E-Mails über den Kopf? Überrollt Sie die Flut von unerledigten Mails am Morgen oder nach dem Wochenende immer wieder aufs Neue? Sind Sie vor lauter Mails nicht zu Ihrer eigentlichen Arbeit gekommen? Machen Sie sich frei! Lassen Sie sich nicht davon beherrschen.

Übung: Verändern Sie Ihr E-Mail-Verhalten

- Checken Sie eingehende E-Mails zu vorgegebenen Zeiten: zweimal täglich (morgens und abends) 60 Minuten, dreimal täglich 45 Minuten oder viermal täglich 20 Minuten. Alle Mails, die zwischen diesen Zeiten reinkommen, werden erst im nächsten Zeitblock bearbeitet. Diese Vorgehensweise ermöglicht es Ihnen, konzentrierter und effektiver zu arbeiten.
- Unterteilen Sie Ihre eingehenden Mails nach Priorität: Wichtige Mails bearbeiten Sie sofort, unwichtige nehmen Sie sich später vor.
- Beachten Sie die Regel „Nur zwei Minuten!“: Jede Mail bekommt nur zwei Minuten Zeit für die Antwort. Je kürzer Sie sich fassen, desto besser. Aber achten Sie darauf, dass Sie nicht oberflächlich oder unhöflich werden. Kurze Mails werden gründlicher gelesen als lange Nachrichten und führen somit zu weniger Missverständnissen.
- Achten Sie darauf, dass Ihre Antworten eindeutig, klar und knapp formuliert sind, sodass der Empfänger sofort versteht, was gemeint ist. So können keine Missverständnisse entstehen und die Gefahr vom „Hin und Her“ wird minimiert.
- Legen Sie einen Ordner für solche Mails an, die nachbearbeitet werden müssen oder deren Bearbeitung mehr Zeit in Anspruch nimmt. Machen Sie hierfür extra einen Termin mit sich selbst, damit genug Zeit zur Verfügung steht.

Störungen vermeiden

Wenn Ihre Arbeit permanent unterbrochen wird, brauchen Sie jedes Mal einen neuen Anlauf, um wieder am gleichen Projekt weiterarbeiten zu können. Studien haben gezeigt, dass so bis zu 28 Prozent unserer Zeit verloren geht. Eingehende E-Mails, Gespräche, Telefonate etc. sind meist verantwortlich für diese störenden Unterbrechungen. Deshalb sollten Sie sich für die Erledigung von wichtigen Aufgaben möglichst 45 bis 60 Minuten am Tag reservieren. Der Coach Lothar Seiwert hat sich eingehend mit diesem Thema beschäftigt. Er fand heraus, dass besonders solche Zeiten, in denen Sie nicht gestört werden, sich positiv auf Ihre Arbeit – und natürlich auf Ihr ganzes Sein – auswirken: Die Konzentrationsfähigkeit steigt, die Arbeiten werden effizienter und schneller erledigt, die Ergebnisse sind besser und Sie zufriedener.[17]

3. Unter Spannung: der Teufelskreis Stress

„Die meisten Menschen jagen so sehr dem Genuss nach, dass sie an ihm vorbeilaufen.“

(Søren Kierkegaard)

Stehen wir unter Stress, aktiviert Limbo den sympathischen Teil unseres vegetativen Nervensystems: Die Muskeln spannen sich an, der Herzschlag und die Atmung beschleunigen sich, der Körper ist bereit zu agieren oder zu reagieren. Wie ein Gaspedal wirkt der Sympathikus auf unseren Körper und treibt ihn zu Höchstleistungen an. Natürlich können wir nicht immer auf 180 laufen, und deshalb bremst der Parasympathikus unser System wieder herunter. Die Muskeln entspannen sich, die Atem- und Herzfrequenz normalisiert sich.

In unserer heutigen Welt mit den vielfältigen Anforderungen und dem von vielen empfundenen Leistungsdruck, der perfekte Mitarbeiter, der perfekte Freund, der perfekte Lebenspartner und das perfekte Elternteil zu sein, ist das sympathische System fast permanent aktiv: Unsere Muskeln sind über einen langen Zeitraum hinweg angespannt.

Wenn wir nicht gegensteuern, dann geraten wir ganz schnell in einen Teufelskreis: Die angespannten Muskeln kurbeln die Laktatproduktion an. Genauso wie beim Muskelkater. Ein erhöhter Laktatspiegel führt zu erhöhtem Angstempfinden. Dies konnte man in einem Versuch nachweisen.[18] Personen, denen Laktatinfusionen injiziert wurden, reagieren danach verstärkt mit Angstsyndromen. Sank der Laktatspiegel wieder ab, wurden sie gleich viel zuversichtlicher.

INFOKASTEN

Teufelskreis: So wird aus Anspannung Verspannung

Stress → Muskeln spannen sich an → Laktatproduktion → erhöhtes Angstempfinden → angespannte Muskeln verspannen sich

Gelassenheitsimpuls: *Gönnen Sie sich eine Massage.*

Je angespannter unsere Muskeln sind, desto mehr geraten wir in Alarmbereitschaft. Das verstärkt wiederum die Anspannung und führt letztlich zur Verspannung. Insbesondere die Nacken-, Schulter- und Kiefermuskulatur sind hier betroffen. Wer kennt das nicht? Nach einem anstrengenden Tag schmerzt uns der Nacken, und Spannungskopfschmerzen sind eine häufige Folge. Übrigens: 40 Prozent aller Kopfschmerzen sind die Folge von Anspannung im Schulter- und Nackenbereich.

Geistige Anspannung führt zu körperlicher Verspannung.

Gelegenheit, den parasympathischen Teil des vegetativen Nervensystems zu aktivieren und wieder abzubremsen, gibt es kaum. Doch nach so viel Gasgeben brauchen wir dringend Entschleunigung. Wir müssen lernen, den Parasympathikus bewusst zu aktivieren. Eine harmonische Balance zwischen Spannung und Entspannung ist in unserer heutigen Zeit leider nicht mehr gegeben.

3.1 Aktivierung des Parasympathikus

Es gibt viele Möglichkeiten, den parasympathischen Teil zu aktivieren, sei es durch Muskelentspannung, durch tiefe Atmung, das Berühren Ihrer Lippen, die sogenannte Herzkohärenz, Meditation oder die Visualisierung bestimmter Bilder.

Das Herzkohärenztraining wollen wir Ihnen im Folgenden näher vorstellen und im wahrsten Sinne des Wortes „ans Herz" legen. Wir glauben, dass dies ein sehr hilfreiches Training ist, das Ihrer Gesundheit beste Dienste erweisen wird.

Herzkohärenz

Die häufigste Todesursache sowohl bei Männern als auch bei Frauen sind Herz-Kreislauf-Erkrankungen. Zu den größten Risikofaktoren, an einem kardiovaskulären Leiden zu erkranken, zählt Stress, genauer gesagt, ist unsere hyperaktive Amygdala schuld. Wissenschaftlern des Massachusetts General Hospitals und der Harvard Medical School gelang genau dieser Beweis[19]: In einem ersten Schritt werteten sie über einen Zeitraum von drei Jahren die Daten von 293 Versuchspersonen aus, die älter als 30 waren und weder an einer kardiovaskulären noch an einer Krebserkrankung litten. In den folgenden vier Jahren traten bei 22 Patienten Herz-Kreislauf-Erkrankungen auf, wie z. B. Herzinsuffizienz, Schlaganfall, Angina pectoris etc. Interessant war, dass bei eben jenen Probanden bereits im Vorfeld (also in den ersten drei Jahren der Studie) eine starke Aktivität der Amygdala beobachtet werden konnte. Die Wissenschaftler beobachteten, dass eine erhöhte Aktivität mit einer vermehrten Knochenmarksaktivität und verstärkten Entzündungen der Arterien einhergeht, was ein Grund für die folgenden Herz-Kreislauf-Erkrankungen sein könnte. Es scheint, als würde die Amygdala dem Knochenmark mitteilen, mehr weiße Blutkörperchen zu produzieren, was wiederum dazu führt, dass sich in den Arterien Plaque bildet.

Mit Übungen zur Herzkohärenz können wir die Amygdala beruhigen und direkt auf unser Herz einwirken. Um zu verstehen, warum das funktioniert, müssen wir das Herz etwas genauer betrachten: Wenn wir uns aufregen und unser Herz stark pocht, beruhigt es sich nach einer gewissen Zeit von ganz alleine. Dies nennt man Selbstregulierung. Damit das überhaupt klappen kann, darf unser Herz nicht exakt regelmäßig schlagen. Die Spanne zwischen zwei Herzschlägen ist demnach immer marginal unterschiedlich lang. Diese Eigenart nennt man Herzfrequenz- oder Herzratenvariabilität (HRV). Schlüge das Herz exakt im gleichen Frequenzbereich, dann wäre dies ein Zeichen dafür, dass es nicht mehr lange schlagen wird. Man hat festgestellt, dass kurz vor Eintritt des Todes die HRV stark abnimmt.

Ebenso konnte man herausfinden, dass Personen mit einer höheren HRV besser mit Stress umgehen können – sie besitzen eine gute Resilienz. Eine höhere Resilienz korreliert demnach mit einer höheren HRV. Trainieren wir nun die HRV mittels Herzkohärenztraining, dann erhöhen wir damit auf direktem Weg unsere Resilienz.

Unser Herz besitzt, ebenfalls wie unser Gehirn (nur in Kleinformat), ein komplexes Netzwerk an Neuronen, man spricht hier vom sogenannten Herzgehirn. Mittels Herzkohärenztraining können wir genau auf dieses „zweite Gehirn" Einfluss nehmen.

Das deutsche HeartMath Institut, das sich bereits seit über 20 Jahren diesem Thema widmet, beschreibt den Zustand der Herzkohärenz wie folgt: „Ein optimierter Zustand, in dem Herz, Geist und Emotionen geordnet und im Gleichklang sind. Auf Körperebene agieren Immun-, Hormon- und Nervensystem in einem Zustand energetischer Koordination."[20]

In einem kohärenten Zustand haben wir eine eindeutig höhere HRV, als wenn wir z. B. unter Stress stehen.

Für ein Herzkohärenztraining versuchen wir durch fokussierte und achtsame Atmung, Einfluss auf unseren Körper zu nehmen. Personen, die berufsbedingt viel mit Stress in Berührung kommen, wie z. B. Polizisten, Soldaten oder Piloten, nutzen schon lange das ausgereifte Trainingsprogramm des HeartMath Instituts.

Es gibt aber auch schon kleine, einfache Übungen, die Ihnen ein Gefühl von Herzkohärenz vermitteln. Regelmäßig geübt, tragen sie durchaus Früchte. Wir stellen Ihnen hier die „Herzatmung" und das „Herzgefühl" vor.

Übung: Herzfokussiertes Atmen

Setzen Sie sich bequem, aber aufrecht auf einen Stuhl, stellen beide Füße fest auf den Boden und legen Ihre Hände locker auf Ihren Oberschenkeln ab.

Senken Sie den Kopf leicht nach vorn und kommen Sie in dieser Haltung an.

Machen Sie sich Ihre Sitzposition bewusst – spüren Sie den Kontakt der Füße mit dem Boden und der Schenkel und des Pos mit dem Stuhl.

Beginnen Sie nun, tief ein- und auszuatmen. Atmen Sie tiefer und länger als sonst, atmen Sie auf fünf ein und auf fünf aus.

Richten Sie nun Ihre komplette Aufmerksamkeit auf Ihren Brustkorb und auf Ihre Herzgegend. Gerne können Sie eine Hand auf Ihr Herz legen.

Stellen Sie sich nun vor, dass Sie direkt in Ihr Herz ein- und wieder ausatmen – mit vollkommen achtsamer und tiefer Atmung. Verweilen Sie dabei für ca. fünf bis 15 Minuten.

Übung: Herzgefühl

Diese Übung können Sie direkt an die Herzatmung anschließen, nachdem Sie fünfmal in Ihr Herz geatmet haben.

Versuchen Sie nun, sich an ein schönes Erlebnis zu erinnern. Hilfreich ist es, an Situationen mit Ihren Liebsten (den Eltern, Geschwistern, Kindern, dem Partner, Haustier oder auch den Freunden) zu denken. Rufen Sie eine Situation auf, in der Sie Dankbarkeit und Wertschätzung empfunden haben, und spüren Sie diesem Gefühl ganz bewusst und achtsam nach.

Verweilen Sie in diesem Zustand für ein paar Minuten und kommen dann wieder im Hier und Jetzt an.

Diese Übungen bewirken gleich mehreres: Zum einen versetzen sie Sie in eine positive Stimmung, und Sie werden optimistischer und zuversichtlicher. Zum anderen erhöhen sie Ihre HRV und damit Ihre Fähigkeit zur Resilienz (und senken die Gefahr eines Herz-Kreislauf-Risikos). Schlussendlich wird durch die Übung Ihr parasympathisches Nervensystem aktiviert. Dies ist wie ein sanftes Wiegen für Ihre Amygdala, und sie kann sich ein verdientes Nickerchen gönnen, von dem sie erholt und weniger reaktiv erwachen wird.

3.2 Stress verändert unsere Gene

Wie nachhaltig die Auswirkungen von Stress tatsächlich sein können, zeigt ein Experiment von Brian Dias und Kerry Ressler von der Emory University School of Medicine in Atlanta.[21] Sie hatten Mäusen kleine Elektroschocks versetzt, während sie mit dem Duft von Kirschblüten konfrontiert waren. Nach einigen Wiederholungen waren die Mäuse negativ konditioniert: Sie fürchteten sich vor Kirschblütenduft und zeigten deutliche Angstreaktionen.

Nach abgeschlossener Konditionierung sollten sich die Mäuse vermehren. Erstaunlich war, dass die Nachkommen sich ebenfalls vor dem Duft von Kirschblüten fürchteten. Sogar noch in der dritten Generation! Und das, obwohl sie selbst keine negativen Erfahrungen mit Kirschblüten gemacht hatten.

Die Wissenschaftler konnten mit dieser Studie nachweisen, dass die Kinder und Enkel der dufttraumatisierten Mäuse Veränderungen in bestimmten Gehirnregionen zeigten. Die negativen Erfahrungen wurden demnach vererbt. Die Angst setzte sich nicht nur im Gedächtnis fest, sondern auch in den Genen. Während die Mäuse der ersten Generation den negativen Dufterfahrungen ausgesetzt waren, veränderten sich währenddessen bereits in ihrem Gehirn bestimmte Gene. Diesen Vorgang nennt man Epigenetik. Die DNA wird chemisch verändert, indem eine bestimmte Methylgruppe angehängt wird. Damit wird die Aktivität des Gens beeinflusst. Auf diesem Weg konnten die Mäuse ihre Angsterfahrung mit dem Duft von Kirschblüten an ihre Nachkommen vererben.

Angst kann vererbt werden.

Doch nicht nur in der Welt der Mäuse kann Angst vererbt werden. Bei Menschen treffen ähnliche Schlussfolgerungen zu: Der Holocaust hat nicht nur die Welt, sondern auch die Gene der Überlebenden verändert. Und diese Veränderungen haben sie an ihre Nachkommen weitergegeben. In einer Studie des Mount Sinai Hospital in New York hat Rachel Yehuda[22] mit einem Forscherteam nachweisen können, dass sich die schlimmen Erfahrungen aus den Konzentrationslagern auf die Kinder übertragen haben. Obwohl diese nicht im KZ waren. Sie testeten die Gene von 32 Holocaust-Überlebenden und verglichen sie mit den Genen ihrer Kinder. Als Vergleichsgruppe untersuchten sie jüdische Familien, die während des Zweiten Weltkrieges nicht in

Europa weilten. Die Ergebnisse waren verblüffend: Die Nachkommen der Überlebenden zeigten bei Genen, die für die Bildung von Stresshormonen zuständig sind, dieselben Veränderungen wie ihre Eltern. Damit scheint es ziemlich wahrscheinlich, dass womöglich nicht nur Traumata, sondern auch andere Erfahrungen von Generation zu Generation vererbt werden können.

Die Epigenetik legt nahe, dass sich unsere Gene permanent durch Umwelteinflüsse verändern. Es werden ganz einfach Methylgruppen hinzugefügt, die die Gene an- oder abschalten. Und diese genetischen Veränderungen werden an die nächste Generation übertragen. Starker oder chronischer Stress kann demnach auch unsere Gene verändern und eventuell auf unsere noch ungeborenen Kinder übertragen werden.

Stress zu reduzieren lohnt sich doppelt – für Sie und Ihre Kinder!

Vor diesem Kontext müssen wir uns alle aufgerufen fühlen, auf unsere geistige Gesundheit zu achten. Wir tragen nicht nur für uns, sondern für alle kommenden Generationen die Verantwortung.

Anlass zur Hoffnung geben die Untersuchungsergebnisse eines Schweizer Forscherteams, die nahelegen, dass eine Traumavererbung verhindert werden kann[23]: Sie führten bei kleinen Mäusemännchen Traumata herbei, indem sie sie von ihren Müttern trennten. Dies führte zu einer dauerhaften Verhaltensänderung bei den kleinen Mäusejungs, die sie aufgrund ihrer durch das Trauma veränderten DNA an ihre Nachkommen weitergaben. Das Forscherteam konnte nun zeigen, dass die epigenetischen Änderungen auch wieder rückgängig gemacht werden können, wenn die traumatisierten Mäuse in eine besonders stressfreie Umgebung kommen. Nicht nur die Verhaltensänderung konnte so korrigiert werden, auch die Nachkommen der traumatisierten Mäuse zeigten keinerlei stressbedingte Verhaltensauffälligkeiten. Das heißt, die Gene haben sich wieder „rückverändert".

Zugegeben, Menschen sind keine Mäuse. Doch trotzdem lassen diese Erkenntnisse einen vielleicht lebensverändernden Schluss zu: Der Mensch war und ist keine Konstante! Im Gegenteil: Wir sind einem ständigen Wandel unterworfen. Unser Tun, unsere Erfahrungen und schlussendlich auch unser Denken verändern uns und unser Erbgut. Wir haben Einfluss darauf, wer wir sind und was wir weitergeben.

4. Gelassenheitsblocker Leistungsgesellschaft

„Die meisten Menschen verarbeiten den größten Teil der Zeit, um zu leben, und das bisschen, das ihnen von Freiheit übrig bleibt, ängstigt sie so, dass sie alle Mittel suchen, um es loszuwerden."

(Johann Wolfgang von Goethe, *Die Leiden des jungen Werther*)

Die Digitalisierung ist eine wesentliche Säule unserer Leistungsgesellschaft geworden. In der kommen nur die Schnellen, die Smarten und die Starken voran. Das Tempo wird täglich angezogen, der Umgangston rauer, und der Druck auf den Einzelnen nimmt zu. Viele fühlen sich permanent überfordert und schalten leistungsbedingt auf Autopilot. Statt zu entspannen, plagen sie häufig Ängste und Sorgen, welche die Anspannung nur noch größer werden lassen. Großer Druck macht blind für Auswege. Unsere innere Ruhe scheint unter unüberwindlichen Hindernissen wie zunehmendem Leistungsdruck, Dauerhetze und stressverstärkenden Denkmustern vergraben zu sein. Oftmals merken wir erst, wie sehr auch wir unter Strom stehen, wenn wir ausbrennen. Darum ist es gut, den eigenen Status quo zu kennen und gegebenenfalls die Notbremse zu ziehen. Der folgende Test zeigt Ihnen, wie sehr Sie selbst in der Tretmühle gefangen sind. Die Übungen in diesem Buch unterstützen Sie darin, rechtzeitig auf die Bremse zu treten und auszusteigen.

SELBSTTEST

Wie sehr stehen Sie unter Strom?

Bitte beurteilen Sie die folgenden Aussagen mit 1 = trifft nie zu, 2 = trifft selten zu, 3 = trifft manchmal zu, 4 = trifft häufig zu, 5 = trifft immer zu.

1. Ich fühle mich von Aufgaben überfordert.

   Punkte: ________

2. Ich leide unter mindestens zwei dieser Symptome: hoher Blutdruck, Verdauungsbeschwerden, Kopfschmerzen, Migräne, depressiven Verstimmungen, Infektionen.

   Punkte: ________

3. Ich habe zu wenig Raum und Zeit, um mich zu entspannen und zu regenerieren.

   Punkte: ________

4. Ich leide an Schlafstörungen.

   Punkte: ________

5. Um regelmäßig Sport zu treiben, fehlt mir die Motivation.

   Punkte: ________

6. Ich leide unter Verspannungen und Rückenschmerzen.

   Punkte: ________

7. Ich mache mir Gedanken über die Zukunft und die Dinge des Alltags.

   Punkte: ________

8. Ich kann mich schlecht konzentrieren.

   Punkte: ________

9. Ich fühle mich gestresst.

   Punkte: ________

Auswertung

9–17 Punkte: Seien Sie anderen ruhig ein Vorbild

Herzlichen Glückwunsch! Wenn Sie einer Vollzeitstelle nachgehen und dieses Ergebnis erzielen, dann haben Sie eine sehr gute Work-Life-Balance. Sie führen ein Ihren Anlagen entsprechendes Leben, sind zufrieden und ausgeglichen. Ihre Mitmenschen bewundern Sie wahrscheinlich insgeheim dafür, dass Sie Ihre eigenen Grenzen kennen, souverän sind und in schwierigen Situationen entspannt reagieren. Machen Sie anderen Menschen in Ihrer Umgebung Mut, mehr für sich selbst zu sorgen! Und bestärken Sie sie darin, sich von den alltäglichen Dingen nicht verrückt machen zu lassen. Zeigen Sie ihnen, wie man Grenzen setzt und besser für sich sorgt. Vielleicht kann die eine oder andere Übung aus diesem Buch Ihnen zu noch mehr Gelassenheit verhelfen.

18–26 Punkte: Verleihen Sie Ihrem Leben noch mehr Qualität

Nur selten bringt Sie etwas aus der Ruhe. Deshalb sind andere Menschen auch so gerne mit Ihnen zusammen. Sie vermitteln den Menschen in Ihrem Leben Ruhe, und die meisten Herausforderungen des Alltags meistern Sie mit Bravour, ohne schädliche Auswirkungen auf Ihren Körper und Ihre Psyche. Vielleicht haben Sie schon regelmäßige Auszeiten für sich fest eingeplant. Gut so! Wenn nicht, versuchen Sie doch einmal, kleine Wohlfühlrituale einzuführen, die Ihnen schnell Kraft und Energie schenken.

27–35 Punkte: Sorgen Sie für Oasen der Entspannung

Stress ist bei Ihnen Gott sei Dank kein Dauerstress. Kommt jedoch viel zusammen, dann erleben Sie mitunter sehr stressige Phasen. Um Ihre Gesundheit zu schützen und leistungsfähig bleiben zu können, sollten Sie regelmäßige Ruhepole und Zeit für Bewegung einplanen. Sport und Meditation helfen in Akutphasen sehr wirksam gegen die negativen Auswirkungen von Stress auf Körper, Geist und Seele. Integrieren Sie diese als feste Komponenten in Ihr Leben.

36–45 Punkte: Entspannung sollte bei Ihnen ganz oben auf der To-do-Liste stehen

Es wird Zeit, dass Sie sich die Übungen in diesem Buch nicht nur zu Herzen nehmen, sondern sie täglich auch umsetzen. Das Leben auf der Überholspur tut weder Ihnen noch Ihrer Gesundheit gut. Sollten Sie sich gerädert und müde fühlen, wird es höchste Zeit, das Handy am Wochenende einmal ganz auszulassen und sich selbst etwas Gutes zu tun. Da Ihre Energiereserven Richtung null gehen, sollten Sie für ausreichend Schlaf sorgen und auch darauf achten, dass Sie körperlich entspannen. Kleine Inseln der Ruhe sind mehr als notwendig. Treten Sie auf die Bremse. Gönnen Sie sich regelmäßig Zeit für sich. Ihr Geist und Ihr Körper werden es Ihnen danken.

4.1 Glänzen zu jedem Preis? – Die Dopaminfalle

Wir wollen ein guter Chef, eine zuverlässige Kollegin, ein guter Partner, eine liebevolle Mutter und natürlich auch ein fürsorglicher Sohn oder eine verlässliche Freundin sein. Wir spielen im Leben so viele Rollen und wollen selbstverständlich in jeder glänzen. Sei es aus Angst, den Job zu verlieren, aus Sorge, dass die Kinder auf die schiefe Bahn geraten könnten, aus Scham, dass die Nachbarn tuscheln, oder aus tiefer Existenzangst, plötzlich ganz alleine dazustehen. Das ist verständlich und nachvollziehbar. Ohne Leistung sind kein fruchtbares und produktives Miteinander und das Weiterkommen der Gesellschaft an sich möglich. Doch diese Konstellation birgt Gefahren. Sie droht, unseren inneren Frieden tagtäglich aufs Neue zu gefährden. Wir finden keine Ruhe und schlafen schlecht. Die Laune geht in den Keller! Und wenn wir nicht auf die Bremse treten, wachen wir entweder eines schönen Morgens auf und finden alles sinnlos oder werden krank. Selbstverständlich gibt es einen Grund, warum wir so leicht und scheinbar gerne auf die unzähligen Anforderungen der Leistungsgesellschaft anspringen. Es ist ein – im Gehirn produziertes – Hormon namens Dopamin. Es bringt uns dazu, den Notwendigkeiten und Verpflichtungen des Alltags nachzukommen. Und es treibt uns an, uns besonders anzustrengen, um gut zu performen. Unser chemischer Motivator wird bei erwarteter Belohnung ausgeschüttet. Er lässt uns aktiv werden, damit wir eine Chance haben, die Belohnung zu ergattern. Sind wir erfolgreich, spendiert uns das Gehirn noch eine Extradosis Dopamin. Wir fühlen uns super!

Gelassenheitsimpuls: *Tun Sie die Dinge ihrer selbst wegen, nicht aber um anderen etwas zu beweisen.*

Belohnungen sind alles, was unser Überleben sichert. Also alles, was mit Nahrung, Fortpflanzung und Ruhebedürfnis zu tun hat. Doch der moderne Mensch jagt nicht mehr nur hinter diesen Primärbelohnungen her, ihm haben es vor allem die Sekundärbelohnungen angetan. Heute wollen wir Anerkennung, Lustbefriedigung, Geld, Zuwendung und soziale Bestätigung. Das können tatsächlich geäußerte Lobesbekundungen, Gehaltschecks, Konsumgüter oder Erfolge im Sport sein. Erhalten wir die erhoffte Belohnung, so fühlt sich das dank Dopamin sehr angenehm an. Und wir wollen mehr davon.

In unserem Gehirn ist dabei die Region des Nucleus accumbens, Sitz des Antriebs- und Belohnungszentrums, aktiv. Sie gehört zu Limbo. In einem Experiment konnten die Wissenschaftler um Brian Knutson das Sprichwort „Vorfreude ist die schönste Freude!" wissenschaftlich bestätigen.[24] Sie zeigten, dass die Dopamin-Neuronen im Gehirn von Personen, die einen Gewinn nur erwarten, stärker feuern als bei Personen, die tatsächlich einen unerwarteten Gewinn erhalten. Obwohl die erste Gruppe noch nichts in der Hand hält, fühlen sie eine größere Freude als die zweite Gruppe, die man mit einem Gewinn überrascht hat. Entscheidend dabei ist, dass diese den Gewinn nicht erwartet haben.

Die Freude auf eine Belohnung lässt uns aktiv werden.

Aus evolutionärer Sicht macht das Sinn: Um zu überleben, mussten unsere Vorfahren Nahrung suchen. Logisch. Sie konnten jedoch nicht mal rasch ins Fast-Food-Restaurant, zum Bäcker oder dem nächsten Supermarkt um die Ecke laufen. Nahrungsaufnahme hieß damals harte Arbeit: Unsere Vorfahren mussten sich von ihrem gemütlichen Platz am Feuer aufraffen, um jagen oder sammeln zu gehen. Damit sie das taten und nicht lethargisch in der Höhle verharrten und schließlich verhungerten, hat Mutter Natur folgende, überaus clevere Wirkungskette erfunden:

INFOKASTEN

Wirkung von Dopamin

Mensch verspürt Hunger und
erwartet Nahrung → Dopamin-Ausschüttung (fühlt sich gut an)
Dopamin-Ausschüttung → Mensch wird aktiv (erhebt sich und geht auf die Jagd)

Kaninchen wird erlegt
und gegessen → erneute Dopamin-Ausschüttung (fühlt sich toll an)
Mensch ist satt und erholt sich

1) Mensch liegt am Lagerfeuer, verspürt Hunger und denkt an Nahrung.
DOPAMIN
2) Dopamin wird ausgeschüttet, gutes Gefühl.
3) Mensch geht auf die Jagd.
4) Mensch isst Kaninchen am Lagerfeuer.
DOPAMIN
5) Dopamin wird ausgeschüttet, gutes Gefühl.
6) Mensch ist satt und chillt zufrieden.

Für unseren Alltag heißt das: Weil wir einen Gehaltsscheck, soziale Anerkennung, ein strahlendes Lächeln vom Nachwuchs oder einen innigen Kuss vom Partner erwarten, werden wir aktiv. Dopamin wirkt auf den sympathischen Teil unseres autonomen Nervensystems. Unser Körper kommt auf Touren: Wir sind bereit, unseren Chef von der neuen Projektidee zu überzeugen, den Gegner im Tennismatch zu besiegen, einen leckeren Kuchen zu backen oder den Müll hinunterzubringen.

4.2 Multitasking und Dauerstress

Genau hier lauert die Gefahr, denn die oben aufgeführten Belohnungen haben ihren Preis: Wir tendieren dazu, nicht nur einen guten Kuchen backen zu wollen, sondern eben den leckersten Kuchen der Welt. Wir wollen nicht nur ein guter Mitarbeiter sein, sondern der Mitarbeiter des Jahres. Wir wollen nicht nur eine liebevolle Mutter sein, sondern die beste Mutter überhaupt. Unsere Erwartungen, die wir an uns selbst stellen, sind so hoch, dass wir eben überall nicht nur ganz okay, sondern richtig gut sein wollen, bedeutet das doch noch mehr Dopamin. So kann es geschehen, dass Menschen süchtig nach Arbeit werden. Sie denken nur noch ans Büro. Sie können nicht mehr abschalten. Weil sie abhängig von Anerkennung sind. Ein ungesunder Cocktail aus Stress und Euphorie, aus Panik und Machtgefühl, aus Versagensängsten und Sehnsucht nach Erfolg ist ihre tägliche Dosis. Doch wenn der Job das Leben frisst, dann werden Menschen krank.

Um alles auf die Reihe zu bekommen, beginnen wir mit Multitasking. Da ein Tag einfach viel zu wenig Stunden hat, um gleichzeitig als Supermama, aufregende Geliebte, Putzfee und Managerin des Jahres zu performen. Doch Multitasking ist fatal!

Für unseren rational denkenden Teil scheint Multitasking kein Problem. Wir können relativ leicht an mehrere Sachen gleichzeitig denken: Wir können bügeln und fernsehen, wir können telefonieren und dabei Kreuzworträtsel lösen, oder wir können uns mit unserer besten Freundin unterhalten und dabei unsere Mails checken. Doch Limbo ist damit überfordert, denn er ist nicht multitaskingfähig. Limbo kann immer nur einen Gefühlszustand erleben. Leider bekommen wir davon meist nichts mit, weil Limbo nicht zu uns spricht. Das heißt aber nicht, dass Limbo sich uns nicht mitteilen kann. Seine Kommunikation verläuft über den Körper. Wir sollten beginnen, auf die sensorischen Botschaften zu hören, die Limbo uns schickt. Das ist beim Multitasking meist ein undefinierbares Gefühl des Unwohlseins oder der Anspannung, nach längerer Zeit kann es sich jedoch zu einer inneren Gereiztheit entwickeln.

Forscher der Universität Utah haben in einem Test[25] Versuchspersonen an einen Fahrsimulator gesetzt und gebeten, währenddessen zu telefonieren und SMS zu schreiben. Die Leistungsfähigkeit der Probanden sank um sage und schreibe 40 Prozent. Ihre Fehlerquote war sogar so hoch wie bei betrunkenen Autofahrern mit 0,8 Promille. Selbst Harvard-Studenten, die per se ziemlich intelligent und manche von ihnen sogar hochbegabt sind, schnitten in einem ähnlichen Multitasking-Test geradezu jämmerlich ab: Bei manchen Versuchsteilnehmern sank die Gedächtnisleistung auf das Niveau eines achtjährigen Kindes!

In mehreren Versuchen konnte also nachgewiesen werden, dass wir nicht für Multitasking geschaffen sind. Es ist uns schlicht und ergreifend unmöglich, zwei Sachen gleichzeitig zu tun. Unser Gehirn wechselt stattdessen rasend schnell zwischen den verschiedenen Dingen hin und her. Mit der Folge, dass wir nicht alles mitbekommen und schlechtere Leistung erbringen. So bestätigt in einer Studie[26] der Universität Stanford: Hier traten zwei Teams im Multitasking gegeneinander an. Gruppe eins bestand aus erprobten Multitaskern. Das waren Personen, die berufsbedingt oft mehrere Sachen gleichzeitig erledigen mussten. Gruppe zwei waren Menschen, die bislang noch wenig Erfahrung mit Multitasking gemacht hatten. Beim Leistungsvergleich war das Ergebnis verblüffend: Gruppe zwei gewann haushoch! Den Versuchspersonen aus Gruppe zwei fiel es deutlich leichter, wichtige von unwichtigen Informationen zu unterscheiden, um so die Aufgabe zu lösen. Die Multitasker konnten hingegen kaum Relevantes von Irrelevantem trennen. Es fiel ihnen schwer, sich zu fokussieren. David E. Meyer, Hirnforscher an der Universität Michigan und Spezialist für Multitasker, fand sogar heraus, dass es doppelt so viel Zeit braucht, zwei Sachen gleichzeitig zu tun, statt sie nacheinander zu erledigen.[27]

Multitasking macht uns dumm und langsam.

Multitasking hilft uns also nicht dabei, effizienter und besser zu werden. Im Gegenteil: Obwohl wir viel Energie aufwenden, werden unsere Anstrengungen nicht von Erfolg gekrönt. Die erwartete Dosis Dopamin bleibt aus. Das ist unglaublich frustrierend.

Bei Multitasking laufen wir Gefahr, irgendwann nicht mehr unterscheiden zu können, was wirklich wichtig ist und was nicht. Wir verlieren die Fähigkeit, uns zu fokussieren. Wir geraten in Dauerstress. David E. Meyer sieht Burn-out als eine langfristig nur logische Folge von zu viel Multitasking.[28]

Gelassenheitsimpuls: *Machen Sie eins nach dem anderen.*

Wir tun gut daran, bei der Arbeit nur noch eins nach dem anderen zu machen und in unserer Freizeit einen Ausgleich zu schaffen und zu entspannen – und zwar wenn möglich bei Tätigkeiten ohne Leistungsgedanken dahinter und ohne etwas erreichen zu müssen, wie z. B. Singen, Tanzen oder Schlendern durch die Natur.

Sinnlose Tätigkeiten tun uns gut!

Übung: Prioritäten setzen

Planen Sie Ihre Tätigkeiten, die Sie über den Tag verteilt erledigen müssen, entsprechend der Prioritäten. Welche dieser Aufgaben erfordern hohe Konzentration? Planen Sie die Aufgaben so, dass Sie für jede Aufgabe genügend Zeit haben und Sie während dieser Zeit ungestört daran arbeiten können.

Tagesaufgaben	**Zeitaufwand**

Gefühlt mehr Zeit schenkt Ihnen auch ein sinnvoll strukturierter Wochenplan. Legen Sie dazu thematisch oder örtlich passende Aufgaben auf immer den gleichen Tag (zum Beispiel montags Reinigung und Fitnesscenter, weil sich beide im gleichen Gebäude befinden).

Montag: ______________________________

Dienstag: ______________________________

Mittwoch: ______________________________

Donnerstag: ______________________________

Freitag: ______________________________

Übung: Unwichtiges von Wichtigem unterscheiden

Machen Sie sich eine Liste von Dingen oder Erledigungen, die Sie an das Ende eines Tages stellen können oder worauf Sie ganz bewusst einmal einen ganzen Tag, eine Woche oder sogar einen ganzen Monat verzichten können.

1. ______________________________

2. ______________________________

3. ______________________________

4. ______________________________

5. ______________________________

6. ______________________________

Übung: Erinnerungsanker etablieren

Es braucht lange, bis unser Gehirn neue neuronale Strukturen etabliert hat, unser Alarmsystem sich beruhigen konnte und Cort zum Zuge kommt. Auf dem Weg zu mehr Gelassenheit ist es wichtig zu bemerken, wann wir wieder in alte Muster zurückgerutscht sind und wieder angefangen haben, drei Dinge gleichzeitig zu machen. Sorgen Sie deshalb für Erinnerungsanker. Schreiben Sie sich auf einen Post-it-Zettel einfach ein „Mono" oder ein „A" für Achtsamkeit. Ein solcher Zettel erinnert Sie an das Wesentliche.

5. Gelassenheitsblocker Gedanken: Warum wir uns selbst im Weg stehen

„Der, der ich bin,
grüßt trauernd den,
der ich sein möchte."

(Karl Josef Erich Rahner)

Wer hat eigentlich gesagt, dass das Leben kein Ponyhof sei? Derselbe, der auch die Auffassung vertritt, dass es ohne Fleiß keinen Preis gibt? Und dass einem im Leben nichts geschenkt wird? Warum eigentlich nicht? Ist es wirklich so, dass man nichts geschenkt bekommt? Haben wir es tatsächlich so schwer im Leben? Es ist dringend an der Zeit, dass wir diesen Fragen im ersten Schritt auf den Grund gehen! Und sie im zweiten Schritt nach und nach über Bord werfen!

Bereits von klein auf werden wir von Eltern, Großeltern, Verwandten und Bekannten und später auch von Lehrern, Ausbildern, Dozenten und Tutoren mit solch eigentlich unnützen Glaubenssätzen infiltriert. Irgendwann gehen wir dann fest davon aus, dass sie einfach wahr sein müssen. Und die Welt so tickt. Zu den allgemeinen Glaubenssätzen kommen noch unzählig viele, sehr individuelle hinzu. Jeder von uns hat solch vermeintliche Wahrheiten tief in sich verinnerlicht.

Glaubenssätze sind nicht wahr. – Sie machen sich damit nur selbst verrückt!

5.1 Das innere Kind

Die Glaubenssätze entstehen in der Kindheit und prägen sich tief in das Unterbewusstsein ein. Besonders die ersten sechs Lebensjahre sind entscheidend: In dieser Zeit entwickelt sich der größte Teil der neuronalen Netzwerke unserer Gehirnstruktur. Alles, was wir in dieser Zeit erfahren, sei es mit unseren Eltern oder Personen, die für unser Wohlergehen zuständig sind, hinterlässt in unserem Gehirn tiefe Spuren. In dieser wichtigen Phase entwickelt sich Selbstwertgefühl, Vertrauen und unsere ganz individuellen Vorstellungen von zwischenmenschlichen Beziehungen. Dabei werden auch unsere individuellen Glaubenssätze geprägt. Sie können entweder negativ oder positiv sein. Je nachdem, wer uns die ersten Jahre begleitet hat und ob man sich ausreichend um uns gekümmert hat.

Gelassenheitsimpuls: *Loben Sie Ihre Stärken, anstatt sich für Ihre Schwächen kleinzumachen.*

All unsere Persönlichkeitsanteile, die in dieser Zeit geprägt werden, nennt man in der Psychologie vereinfacht gesagt „das innere Kind“. Ihm wird unser Gefühlsleben zugeordnet. Es überschneidet sich in vielen Bereichen mit Limbo. Ob Ihr Limbo primär mit positiven oder negativen Glaubenssätzen gefüttert wurde, hängt vornehmlich mit dem Verlauf Ihrer Kindheit zusammen.

Unsere Glaubenssätze prägen unser individuelles Stressverhalten.

Diese Glaubenssätze haben sich tief in Ihr Gehirn eingeprägt und neuronale Bahnen gleich einer Autobahn hinterlassen. Sie sind vornehmlich dafür verantwortlich, wie Sie heute die Realität wahrnehmen. Aber nicht nur Sie. Wir alle haben eine subjektive Sichtweise auf das Leben und sehen und hören die Welt durch eben jene Filter, wie die folgende kleine Geschichte von Henry Nouwen über die Zwillinge in der Gebärmutter zeigt:

Dialog der Zwillinge im Mutterleib[29]

„Glaubst du eigentlich an ein Leben nach der Geburt?“, fragt der eine Zwilling sein Geschwisterchen, während sie im Bauch ihrer Mama planschen.

„Na klar“, antwortet dieses. „Unser Leben hier dient lediglich der Vorbereitung auf das Leben nach der Geburt.“

„So ein Quatsch! Wie soll so ein Leben denn aussehen?“

„Keine Ahnung. Aber bestimmt viel heller. Und vielleicht werden wir laufen und essen können.“

„Laufen und essen? Du spinnst wohl. Die Nabelschnur ist doch jetzt schon viel zu kurz!“

„Ich glaube ganz bestimmt, dass das geht. Es wird halt alles etwas anders sein.“

„Und woher willst du das wissen?“

„Ich weiß es nicht genau, aber ich glaube, dass wir dann auch unsere Mutter kennenlernen werden.“

„Wie – du glaubst an eine Mutter?“

„Klar! Ohne Mutter könnten wir doch gar nicht sein. Wir leben in ihr und durch sie.“

„Ich habe von einer Mutter noch nie was bemerkt. Also gibt es sie auch nicht.“

„Manchmal, wenn du ganz still bist, kannst du sie singen hören. Oder spüren, wenn sie unsere Welt streichelt …“

Diese Geschichte zeigt, wie wir alle nur den Teil der Wirklichkeit wahrnehmen, der zu unserem eigenen kleinen inneren Universum passt. Und unser inneres Universum wurde zum großen Teil von unseren Glaubenssätzen geprägt. Dass aus diesen daraus resultierenden unterschiedlichen Sichtweisen auch Missverständnisse, Krisen – und schlimmer noch: Kriege – entstehen können, lesen wir tagtäglich in den Medien. So paradox es scheint: Besonders in Liebesbeziehungen scheinen diese Missverständnisse recht häufig aufzutreten. Da schiebt man dem Partner gerne mal etwas in die Schuhe – oder aber zieht sich den Schuh oftmals selbst an.

Wir sollten um unsere subjektive Sicht auf das Leben wissen. Wir sollten auch um die negativen Glaubenssätze und die damit einhergehenden Verhaltensweisen wissen. Dann können wir nämlich gegensteuernd aktiv werden, bevor wir über unseren eigenen Glauben stolpern.

Übung: Welchen Glaubenssätzen gehorchen Sie?

Schreiben Sie drei Glaubensätze auf, die Ihnen spontan in den Sinn kommen:

1. ______________________________

2. ______________________________

3. ______________________________

Achten Sie in den nächsten Tagen auf weitere Glaubensätze und schreiben Sie diese auf.

1. ______________________________

2. ______________________________

3. ______________________________

4. ______________________________

5. ______________________________

Achten Sie darauf, ob und wie Sie es körperlich wahrnehmen, wenn Sie diese Glaubenssätze laut lesen. Wo im Körper können Sie den Satz spüren? Welche Gedanken tauchen dann auf? Welche Gefühle entstehen in Ihnen? Welche davon setzen Sie unter Druck? An welche glauben Sie von ganzem Herzen?

Machen Sie sich diese Glaubensätze bewusst.

Übung: Aus Alt mach Neu

Ersetzen Sie Ihre alten, negativen Glaubensätze durch neue, kraftspendende und positive Glaubensätze.

Beispiele:

Alter Glaubenssatz: Ich genüge nicht.
Neuer Glaubenssatz: So, wie ich bin, bin ich in Ordnung!

Alter Glaubenssatz: Ich komme immer zu kurz!
Neuer Glaubenssatz: Ich kann mich sehr gut um mich selbst kümmern.

Alter Glaubenssatz: Ich muss es allen recht machen!
Neuer Glaubenssatz: Ich darf mich abgrenzen!

Und nun Sie:

Alter Glaubenssatz: ______________________________

Neuer Glaubenssatz: ______________________________

Alter Glaubenssatz: ______________________________

Neuer Glaubenssatz: ______________________________

Alter Glaubenssatz: ______________________________

Neuer Glaubenssatz: ______________________________

Machen Sie sich bitte bewusst, dass Sie Ihr Leben und all Ihre Glaubenssätze nicht von *heute auf morgen* ersetzen können. Es braucht viele Impulse und Wiederholungen, bis sich Ihre neue Sicht auf sich selbst verändert hat. Aber es lohnt sich, und es ist möglich! Befreien Sie sich aus den Fesseln der Vergangenheit. Führen Sie das Leben, das Sie sich wünschen. Ein Leben in Freiheit.

Wir sind nicht Sklave unserer Gedanken!

Gelassenheitsimpuls: *Umarmen Sie das Leben, so wie es ist.*

Wenn Sie Schritt für Schritt die Ihnen innewohnenden negativen Glaubenssätze demaskieren und durch neue positive ersetzen, werden Sie merken, wie befreiend das ist. Sie müssen nicht bescheiden sein. Sie müssen auf keinen Fall perfekt sein.

Es ist nicht immer leicht, die alten Glaubenssätze aufzugeben, weil sie mit bestimmtem Verhalten gekoppelt sind. Diese sogenannten Schutzstrategien sollen uns davor bewahren, verletzt zu werden. Wenn wir uns von Ihnen lösen wollen, benötigen wir den Mut, ihnen ins Gesicht zu schauen.

5.2 Der innere Kritiker

Eine der wichtigsten Schutzstrategien ist der innere Kritiker. Er möchte das innere, verletzte Kind vor weiteren Verletzungen schützen. Er kommt immer dann zu Wort, wenn Ihnen etwas misslungen ist, Sie einen Fehler gemacht haben oder etwas richtig schieflief. In dieser per se bereits unangenehmen Situation hören wir dann eine leise, aber ausgesprochen fiese innere Stimme: „Ist ja mal wieder klar, dass du das nicht geschafft hast. Du kriegst auch gar nix hin!" Kommt Ihnen diese Stimme bekannt vor? Die Stimme kritisiert uns, sie hackt auf uns rum und macht uns fertig. Meist auf sehr verletzende Art und Weise. Der innere Kritiker belästigt alle Menschen mit seinen selbstzerstörerischen Kommentaren. Leider gehört er zu uns und ist unkündbar.

Ihr innerer Kritiker hat nicht recht!

Es gibt zahlreiche Schutzstrategien, die wir uns im Lauf unseres Lebens aneignen, um uns vor Schmerz zu bewahren: Perfektionsstreben, übermäßiger Egoismus, Kontrollwahn, Harmoniestreben usw. Doch in Wirklichkeit verhindern all diese Strategien Gelassenheit und inneren Frieden. Wir leiden, fühlen uns immer öfter allein und unverstanden.

Übung: Machen Sie sich Ihre „Schutzstrategien" bewusst

Stellen Sie sich ein Erlebnis aus der letzten Zeit vor, in der es zu Konflikten kam oder bei denen Sie sich unwohl gefühlt haben. Wie genau haben Sie reagiert? Gingen Sie z. B. eher in die Offensive oder in die Defensive? Haben Sie verbal zurückgeschlagen, als Sie sich angegriffen gefühlt haben, oder sind Sie ganz still geworden? Haben Sie nach Erklärungen gesucht?

Meine persönliche Schutzstrategie ist:

____

____

Um das nächste Mal gelassener in schwierigen Situationen zu reagieren, empfiehlt es sich, erst einmal einen Moment innezuhalten. Sagen Sie einfach: Stopp! Halten Sie inne und fragen Sie sich: Wer reagiert da gerade?

Schutzstrategien bringen uns nicht weiter.

Sollte es Ihnen in der Situation oder auch kurz darauf noch nicht gelingen, dann üben Sie sich darin, Ihre Schutzstrategie nach und nach bewusster wahrzunehmen.

5.3 Die inneren Saboteure

Damit Sie zukünftig bestens gerüstet sind, stellen wir Ihnen jetzt die kleinen Helfer des inneren Kritikers vor. Diese kleinen Saboteure nennt man auch automatische negative Gedanken (ANT = automatic negative thoughts), und sie kommen direkt aus Ihrem Jammerlappen. Sie erinnern sich? Das ist der Teil unseres Präfrontalcortexes rechts hinter der Stirn.

Die kleinen Saboteure sind ebenfalls in unserer Kindheit entstanden. Fatalerweise schenken wir ihnen bereitwillig Glauben und überlassen ihnen oft die Führung und das letzte Wort. Doch diese Gedanken sind nicht wahr: Es sind nur die Ängste unseres kindlichen, immer noch verletzten Persönlichkeitsanteils.

Gelassenheitsimpuls: *Schenken Sie sich eine Portion Selbstfürsorge.*

Die inneren Saboteure machen uns das Leben schwer und vermiesen uns jeden Erfolg. Sie beeinflussen nicht nur unsere Sicht auf uns selbst, sondern auch, wie wir uns fühlen. Denn das, was und wie wir über uns selbst denken, hängt ganz wesentlich damit zusammen, wie wir uns fühlen – und umgekehrt. Jeder negative Gedanke hat Einfluss auf jede Zelle in unserem Körper. Und somit auf unser ganzes Sein. Wollen wir den Fluss der automatischen negativen Gedanken stoppen, müssen wir uns bewusst machen, dass es diese Saboteure gibt. Sie wohnen in unserem Kopf und sind allgegenwärtig. Nur so können wir ihnen die Macht nehmen. Das ist ein wichtiger Meilenstein auf unserem Weg zur Gelassenheit.

Kleine Fehler und Schwächen machen Sie sympathisch.

Der Miesmacher: Das Glas ist halb leer!

Damit will er Sie sabotieren:

Mit diesem Saboteur als Begleiter sehen Sie immer nur das Schlechte um sich herum.

Das können Sie tun:

Schauen Sie auf das halb volle Glas. Suche Sie das Positive und seien Sie dankbar für das, was Sie an Schönem und Gutem erleben.

Die Schwarzmalerin: Das geht nicht gut!

Damit will sie Sie sabotieren:

Diese Saboteurin weiß schon im Vorfeld ganz genau, dass alles kein gutes Ende nehmen wird.

Das können Sie tun:

Feiern Sie jeden noch so kleinen Erfolg und legen Sie sich ein Repertoire an Erfolgsgeschichten zu. Erinnern Sie sich bewusst an jedes Happy End, welches Sie erleben durften.

Der Schuldige: Eigentlich müsste ich …! Oje, ich sollte …! Hätte ich nur …!

Damit will er Sie sabotieren:

Das sind Gedanken, die Sie vielleicht kennen. Sie entspringen dem Gefühl von Schuld bzw. von schlechtem Gewissen.

Das können Sie tun:

Versuchen Sie, die Dinge positiv zu formulieren.

Der Abstempler: Hauptschüler sind dumm! Kleine Menschen sind giftig! Du bist faul! Ich bin ungeschickt! Peter ist launisch!

Damit will er Sie sabotieren:

Der Abstempler bewertet ständig alle Menschen negativ und steckt sie in Schubladen.

Das können Sie tun:

Machen Sie sich bewusst, dass jeder Mensch, einschließlich Sie selbst, wertvoll, einzigartig und etwas Besonderes ist. Jeder Mensch hat liebenswürdige Seiten und herausragende Qualitäten, die sich uns nicht erschließen, sei es aus fehlender Nähe, Mangel an Zeit oder Gelegenheit.

Die Mimose: Niemand mag mich!

Damit will sie Sie sabotieren:

Diese Saboteurin ist besonders fies. Wir tendieren dazu, vieles auf uns zu beziehen und persönlich zu nehmen, obwohl es gar nichts mit uns zu tun hat.

Das können Sie tun:

Machen Sie sich bewusst, dass die meisten Situationen gar nichts mit Ihnen zu tun haben.

Fakt ist, wir wissen nicht, warum sich Menschen so verhalten, wie sie sich verhalten. Es lebt sich viel leichter, wenn man es schafft, nicht alles gleich persönlich zu nehmen.

Welcher Saboteur ist Ihr bester Begleiter? Ist es überhaupt nur einer, oder sind es gleich mehrere? Wenn wir nicht auf sie achten, nehmen sie überhand und können uns ernsthaft schaden. Doch wir sind den Saboteuren nicht schutzlos ausgeliefert. Hier kann uns Cort hilfreich zur Seite stehen. Indem wir diese Saboteure als bloße Gedanken identifizieren, nehmen wir ihnen die Macht und die Kontrolle über unsere Stimmungslage. Wir können erleichtert feststellen: Gott sei Dank, das ist bloß ein Gedanke! Er ist nicht wahr. So wird Schritt für Schritt das Leben schon ein kleines bisschen leichter. Und Sie gelassener.

Verletzungen aus der Kindheit machen uns noch heute das Leben schwer.

Wir müssen uns aber immer wieder um unsere kleinen Saboteure kümmern. Tun wir dies nicht, steigen sie wie Ungeheuer aus der Tiefe empor und bringen unser Leben gehörig durcheinander.

5.4 Selbstbewusstsein entfalten – ein weiterer Schritt zur Gelassenheit

Selbstbewusstsein zu erlangen bedeutet, sich seiner selbst, der eigenen Gedanken und Verhaltensweisen und auch der eigenen Einmaligkeit bewusst zu sein. Werden Sie sich Ihrer Einzigartigkeit bewusst, dann können auch Sie das Leben ausgiebiger genießen, anstatt permanent das Gefühl zu haben, schlecht und ungenügend zu sein. Sich seiner selbst bewusst zu werden bedeutet zu erkennen, welch großes Geschenk Sie erhalten haben, hier und jetzt auf Erden leben zu können.

Denn ein großes Geschenk ist das Leben allemal. Wenn wir einmal darauf achten, was wir bereits alles haben, dann sehen wir, wie reich wir bereits sind und wie gut es uns geht. Dankbarkeit macht gelassen. Sie verstellt uns nicht den Blick, sondern macht ihn weit und uns demütig. Jeder Tag ist eine unendlich große Chance, dankbar für das zu sein, was wir haben, und das Leben in seiner ganzen Fülle zu genießen.

Ob Sie Single oder Familienvater mit vier Kindern sind: Betrachten Sie jeden Tag als ein ganz persönliches Geschenk an Sie! Und nutzen Sie Ihr Gehirn und Ihren Geist als Werkzeug zu mehr Gelassenheit.

Genießen Sie jeden Tag, an dem Sie ein Dach über dem Kopf haben! Wie schnell den Menschen das Wasser bis zum Halse steht, haben nicht erst die zahlreichen Unwetterkatastrophen der jüngsten Zeit demonstriert. Seien Sie sich bewusst, dass wir in einem Land leben, in dem kein Krieg herrscht! Auch diese Tatsache ist keine Selbstverständlichkeit. Natürlich ist es schwer, sich immer der eigenen Vergänglichkeit bewusst zu sein und das Hier und Jetzt zu genießen. Aber es ist der einzige Weg, der Sie langfristig wirklich glücklich und zufrieden macht. Viele Menschen haben Angst vor der Zukunft, aber die Zukunft an sich gibt es nicht. Sie ist nur ein Gedankenkonstrukt, eine Vorstellung in unserem Kopf. Selbst wenn wir in der lang ersehnten Zukunft sind, auf die wir gehofft und auf die wir uns gefreut haben, befinden wir uns doch wieder „nur" in der Gegenwart. Wir selbst erschaffen uns unser Bewusstsein, unseren Tag. Meistens erschaffen wir uns ein mit Ängsten beladenes und sorgenvolles Tagesbewusstsein, das in die Zukunft gerichtet ist. Versuchen Sie einmal stattdessen, sich immer wieder daran zu erinnern, dass der wichtigste Moment in Ihrem Leben der gegenwärtige ist.

6. Gelassenheitsblocker Hormone: Bei Stress leiden Körper und Geist

„Kaum irgendein Umstand kann schädlicher auf die Gesundheit wirken als die Lebensweise unserer Tage: ein fieberhaftes Hasten und Drängen aller im Kampfe um Erwerb und sichere Existenz. (...) Es muss das Gleichgewicht hergestellt werden zwischen der Lebensweise und dem Verbrauch an Nervenkraft. Haben viele nicht Gelegenheit zur Erhaltung und Vermehrung ihrer Kräfte, so ist es notwendig, dass wenigstens zeitweilig alle Teile des Körpers geübt und in Bewegung gesetzt werden."

(Sebastian Kneipp)

6.1 Wenn aus akutem Stress chronischer wird

Wir überholen uns selbst in unserer digitalisierten und leistungsorientierten Welt. Irgendwo zwischen noch mehr Leistung und noch weniger Zeit sind viele von uns auf der Strecke geblieben. Mangelt es doch allerorts an Nischen für Ruhe und Gelassenheit. Doch damit nicht genug: Negative Denkmuster machen ebenfalls einen großen Anteil unserer täglichen Stressration aus. Das strapaziert auf Dauer unsere körperliche und geistige Gesundheit. So perfekt unser Körper auch automatisch auf Bedrohung reagiert und uns das Überleben sichert, so fatal wird es, wenn aus akutem Stress chronischer wird. Was ursprünglich potenziell lebensrettend ist, wird nun potenziell tödlich, wie Tabelle 6.1 veranschaulicht:

Akuter Stress	Chronischer Stress
Energie wird bereitgestellt.	Diabetes (krankhaft erhöhter Blutzucker)
Herz und Kreislauf werden hochgefahren.	Hypertonus (krankhaft erhöhter Blutdruck)
Gehirnleistung wird gesteigert.	Neuronaler Zelltod, vermindertes Nachwachsen
Verdauung wird unterdrückt.	Magengeschwüre
Wachstum wird unterdrückt.	Zwergenwuchs, Osteoporose
Immunsystem wird unterdrückt.	Infektionen, Krebs
Reproduktion wird unterdrückt.	Impotenz, ausbleibende Regelblutung

Tabelle 6.1: Psychosomatische Erkrankungen aufgrund von chronischem Stress

Tabelle 6.1 beinhaltet nur ein paar Beispiele. Die Liste der psychosomatischen Erkrankungen ließe sich um ein Vielfaches erweitern.

Unsere automatischen Stressreaktionen sind dafür gemacht, um auf körperliche Bedrohungen reagieren zu können. Droht Gefahr für Leib und Leben, sorgt unser Alarmsystem dafür, dass sofort Energie bereitgestellt wird. Wir können flüchten oder kämpfen, um unser Überleben zu sichern.

Akuter Stress ist lebensrettend, chronischer Stress kann tödlich sein.

Doch meist stellt unser alltäglicher Stress keine körperliche Bedrohung dar. Er zeigt sich in Form von Termindruck, Ärger bei der Arbeit, Unstimmigkeiten mit dem Lebenspartner und Ähnlichem. Die freigesetzte Energie wird nicht genutzt, sondern zischt ziellos in unserem Körper umher. Idealerweise sollte sie direkt durch körperliche Betätigung wie z. B. Sport abgebaut werden. Hilfreich ist ebenfalls Trost und Mitgefühl durch einen oder mehrere liebe Menschen. Die dadurch ausgeschütteten Hormone wie Oxytocin, das Bindungshormon, und Endorphin, ein Glückshormon, „neutralisieren" den Cocktail der Stresshormone auf ganz natürliche Weise. Ist gerade keine geeignete Person in der Nähe, die einen in den Arm nimmt, dann können Sie sich auch selbst trösten. Das funktioniert genauso.

Bei Stress läuft der sympathische Teil unseres vegetativen Nervensystems auf Hochtouren. In einer natürlicherweise darauffolgenden Erholungsphase beruhigt sich das autonome Nervensystem. In einem derart harmonischen Gleichgewicht (Homöostase) nimmt der Körper keinen Schaden. Wunderbar zu sehen im Tierreich: Gazellen leiden nicht unter Schlafproblemen, obwohl sie häufig der tödlichen Bedrohung direkt ins Auge sehen.

Werden stressige Situationen jedoch zur Regel und finden zu wenige Ausgleichsphasen mit körperlicher Betätigung und regenerativer Erholung statt, dann schadet der Stresshormon-Cocktail unserem Körper. Er ist gefangen in der Stressfalle! Uns fehlt erholsamer Schlaf. Wir kommen nicht mehr runter und werden zusehends erschöpfter.

Schlafprobleme sind erste Anzeichen eines drohenden Ungleichgewichts. Allgemeines Unwohlsein, Gereiztheit, Konzentrationsschwäche, Motivationsverlust und das gehäufte Auftreten von diffusen Sorgen und Ängsten komplettieren dieses Bild. Kopfschmerzen, Rückenschmerzen, Müdigkeit, Rastlosigkeit, Bauchschmerzen, Übelkeit, Allergien, erhöhter Blutdruck und Sodbrennen sind Vorboten für ernsthafte körperliche Probleme.

Diese Symptome treten auf, weil der Flight-or-Fight-Hormonmix dauerhaft in unserem Körper produziert wird und nicht natürlich abgebaut werden kann. Die beteiligten Hormone haben auf unseren Körper großen Einfluss. Adrenalin und

Noradrenalin wirken anregend, sie führen zu einer Beschleunigung des Herzschlags, erhöhen den Blutdruck und helfen, Glukose freizusetzen.

Den wohl größten Schaden richtet das Stresshormon Cortisol an. In Phasen körperlicher Bedrohung hat es sich bewährt. Cortisol, ein etwas trägerer Vertreter der Stresshormone, führt zu einer Erhöhung des Blutzuckerspiegels, verengt die Gefäße, wirkt entzündungsfördernd (inflammatorisch) und immununterdrückend. Alles sehr hilfreich bei akuter Bedrohung. Wird dieser Zustand jedoch chronisch, nimmt nicht nur unser Immunsystem Schaden. Cortisol löst einen Teufelskreis aus: Das in den Nebennieren produzierte Hormon kann dank seiner besonderen Eigenschaften jede Zelle unseres Körpers durchwandern. Ist es erst mal im Gehirn angelangt, aktiviert es bestimmte Gene, die aggressives Verhalten auslösen. Sinnvoll, wenn es darum geht, im Kampf sein Leben zu verteidigen. Es aktiviert aber auch Gene, die uns dazu bringen, unsere Umwelt zukünftig noch wachsamer wahrzunehmen. Die steinzeitlich eingemeißelte Tendenz, dem Negativen mehr Aufmerksamkeit zu schenken, wird verstärkt. Unsere Stressempfindlichkeit steigt. Die Produktion von Stresshormonen beginnt erneut. „Wie soll ich das jetzt auch noch schaffen?" ist ein typischer Gedanke, der in einem von Cortisol gepiesackten Gehirn entsteht. Das Gefühl von Bedrohung wächst, die Zuversicht schwindet.

> Mitgefühl neutralisiert die negativen Folgen von Stress.

Zum Glück können wir aktiv gegensteuern und selber einiges dafür tun, dass sich Stress nicht schädlich auf unsere Gesundheit auswirkt.

6.2 Dankbarkeit kultivieren und sich dem Positiven zuwenden

Bereits im Jahre 2003 untersuchten die Psychologen Robert A. Emmons und Michael E. McCullough an der Universität von Kalifornien den Einfluss von Dankbarkeit auf die Gemütsverfassung.[30] Dazu wurden 192 Studierende, nachdem sie ihre Gemütsverfassung eingestuft hatten, in drei Gruppen eingeteilt: Die eine Gruppe sollte zehn Wochen lang in einem Tagebuch notieren, wofür sie dankbar war; die zweite Gruppe sollte niederschreiben, was schlecht gelaufen war, und die dritte sollte neutral über ihre Erlebnisse berichten. Nach Ablauf der zehn Wochen wies jene Gruppe, die das Dankbarkeitstagebuch geführt hatte, deutlich mehr Optimismus auf als die Studierenden der beiden anderen Gruppen. Sie fühlten sich insgesamt vitaler und versprühten mehr Lebensfreude. Doch nicht nur das: Ebenso verschwanden bei ihnen körperliche Zipperlein wie Bauchschmerzen, Muskelverspannungen oder Kopfschmerzen. Sie schliefen besser, gingen seltener zum Arzt und trieben sogar

Dankbarkeit lässt uns entspannter werden.

messbar mehr Sport als die anderen. Hinzu kam, dass sich die sozialen Beziehungen der ersten Gruppe verbesserten, sie sich besser motivieren konnten und wichtige Ziele erreichten.

Das sind doch schon erstaunliche Ergebnisse, oder nicht?

Mittlerweile konnten Forscher[31] sogar nachweisen, dass praktizierte Dankbarkeit nicht nur unseren gesundheitlichen Zustand und unseren Schlaf verbessert, sondern uns insgesamt fröhlicher und zuversichtlicher werden lässt.

Übung: Dankbar sein

Glauben Sie, dass Ihr Glück in der Zukunft liegt? Gehen Sie davon aus, dass Sie noch dieses oder jenes brauchen, um sich so richtig wohlzufühlen? Vielleicht übersehen Sie vor lauter Suche nach dem großen Glück die vielen kleinen Glücksmomente, die jeder Tag für Sie bereithält. Und vielleicht übersehen Sie vor lauter Geschäftigkeit den Reichtum des gegenwärtigen Moments. Steigen Sie aus! Überlegen Sie sich am Ende eines Tages, wofür Sie dankbar sein können:

Ich bin dankbar für ...	Gedanken, Gefühle und Körperempfindungen, während ich dies aufschreibe
... einen netten Nachbarn, der auf meinen Hund aufpasst. ... den köstlichen Kaffee, den ich heute im Café getrunken habe. ... gesunde Augen. ... meine Arbeitsstelle. ...	

Dankbarkeitsübungen machen deutlich, wie gut es uns geht. Denn seien wir doch mal ehrlich: Viel zu schnell ändert sich das Leben! Von einem Moment auf den anderen kann eine lebensbedrohliche Krankheit oder eine Naturkatastrophe unsere Illusion von Unendlichkeit und Sicherheit zerstören.

Was passiert, wenn wir uns in täglicher Dankbarkeit üben?

Mit dem Aufbau von Dankbarkeit bilden wir eine stabile Basis für positive Gefühle. Da wir nie zwei Gefühlszustände gleichzeitig erfahren können, ist es fast unmöglich, dass Gefühle wie Angst, Neid oder Wut auf der Basis von Dankbarkeit entstehen. Man kann nicht frustriert und dankbar zugleich sein.

Dankbarkeit ist ein Nährboden für Zuversicht und Resilienz. Haben wir eine dankbare Grundstimmung, fällt es uns viel leichter, uns den positiven Dingen zuzuwenden, wir deaktivieren unseren angeborenen Negativfilter!

Und das ist gut so, denn es ist wichtig, dass wir das Gute in uns aufnehmen. Positive Gefühle sind wahre Alleskönner: Sie stärken das Immun- und Herz-Kreislauf-System, fördern Kreativität und erhöhen unsere Belastbarkeit (sogar im Umgang mit traumatischen Situationen). Viele sprechen von einem positiven Kreislauf: Gute Gefühle heute erhöhen die Wahrscheinlichkeit auf gute Gefühle morgen.

Wie das geht? Ganz einfach: Machen Sie bewusst schöne Erfahrungen. Das ist gar nicht so schwer. Suchen Sie nach den positiven Dingen in Ihrem Leben. Das wird Ihnen, vorausgesetzt, Sie üben sich regelmäßig in Dankbarkeit, schnell ganz leichtfallen: das nette Lächeln der Bäckereiverkäuferin am Morgen, das fröhliche Tirilieren eines Vogels, ein besonderes Naturschauspiel wie ein schöner Sonnenuntergang oder irgendetwas anderes scheinbar Banales. Die Welt ist voller schöner Sachen, auf die wir unsere Aufmerksamkeit richten können.

Nun heißt es, dieses positive Gefühl, das in uns aufsteigt, wenn wir uns etwas Schönem zuwenden, zu archivieren. Wir möchten schließlich unseren Glücksspeicher füllen. So reichern wir unsere persönlichen Stärken an, die uns mehr Resilienz schenken.

Dafür müssen wir für einen Zeitraum von ca. 20 bis 30 Sekunden achtsam und fokussiert bei dem positiven Gefühl verharren. Je aufmerksamer und länger Sie in der Wahrnehmung verweilen, desto stärker werden die neuronalen Verknüpfungen in Ihrem Gehirn. Die positive Erfahrung gewinnt an echtem Wert. Wenn Sie es schaffen, in diesem Moment echte Dankbarkeit zu empfinden, dann stehen die Chancen sehr gut, dass Sie sich eben eine starke positive Erinnerung geschaffen haben, die Ihnen für die Zukunft viel Kraft und Energie schenken wird!

Positive Dinge können Sie aber auch nutzen, um Ihre negativen Erinnerungen abzuschwächen. Sie brauchen dafür keinen Zauberstab. Es reicht, sich die Mechanismen unseres Gedächtnisses zunutze zu machen:

Erinnerungen werden nicht als komplettes Ereignis mit allen dazugehörenden Details abgespeichert, so, wie wir das von Computern kennen. Unser Gehirn legt nur die Hauptmerkmale ab und baut dann beim Abrufen der jeweiligen Erinnerung die dazugehörenden Details als Simulation wieder auf. Dieser Prozess des Neuaufbaus der Erinnerung gibt uns die Möglichkeit, gestaltend auf negative Erfahrungen einzuwirken.

Verharren wir 30 Sekunden bei etwas Schönem, haben wir eine positive Erinnerung generiert.

Das Abrufen einer Erinnerung ist nichts anderes als die Aktivierung eines bestimmten neuronalen Musters. Befinden sich zeitgleich besonders angenehme oder unangenehme Dinge in Ihrem Bewusstsein, dann werden diese vom Hippocampus (dieser Teil des Gehirns, der wie ein Pförtner über die Erinnerungen wacht) mit der eben abgerufenen Erinnerung in Verbindung gebracht und verwoben.

Das können Sie sich zunutze machen: Statt bei einer negativen Erfahrung, die sie machen, alte Erinnerungen von vergangenen Misserfolgen hervorzukramen und diese negativen Erinnerungen damit noch furchteinflößender zu gestalten, können Sie sich bewusst positiven Dinge zuwenden, wenn Ihnen eine negative Erinnerung ins Gedächtnis kommt. Auf diese Weise wird dann allmählich die negative Erinnerung Stück für Stück ins Positive transformiert.

Wissenschaftler der University of Indiana[32] beobachteten im Gehirnscan von Personen, die sich regelmäßig in Dankbarkeit übten, neurobiologische Veränderungen – was letztendlich nur den einen Schluss zulässt: Dankbarkeit wirkt – sichtbar!

7. Neuroplastizität: Unser Gehirn lässt sich jederzeit verändern

„Es ist nie zu spät, der zu werden, der du hättest sein können."

(George Eliot)

Unser Gehirn ist ein wahres Wunderwerk! Es gibt uns bis zu unserem letzten Atemzug die Möglichkeit, zu lernen und uns weiterzuentwickeln. Ein manuelles Update für mehr Gelassenheit ist zu jeder Lebensphase möglich. Jeder Mensch trägt alle Anlagen und Fähigkeiten in sich, die er dafür benötigt – auch Sie! Das allseits bekannte Sprichwort „Was Hänschen nicht lernt, lernt Hans nimmermehr!" hat glücklicherweise keine Gültigkeit. Vor der modernen Hirnforschung herrschten überhaupt allerlei irrige Annahmen: Der Mensch wurde als *Homo öconomicus* betrachtet, der all seine Handlungsentscheidungen aufgrund von rationalen Abwägungen trifft. Dass dem nicht so ist, dürfte mittlerweile allen klar sein. So wenig, wie wir ein *Homo öconomicus* sind, so wenig besitzen wir irgendwann einmal ein fertiges, fest verdrahtetes Gehirn, welches sich nicht mehr verändern ließe.

Diese Erkenntnis haben wir dem Hals-Nasen-Ohren-Arzt und Hirnforscher Michael Merzenich zu verdanken. Er stellte bei seinen Untersuchungen am akustischen Cortex in den 1970er-Jahren fest, dass das Gehirn entgegen aller Annahmen nicht fest verdrahtet ist, sondern zeitlebens plastisch bleibt.[33]

Unser Gehirn lässt sich lebenslang verändern.

Unser Gehirn ist in der Lage, sich selbst zu regenerieren und sich neu zu strukturieren. Bei Bedarf können sogar neue Gehirnzellen gebildet werden. So können Funktionen von Hirnarealen, die durch eine schwere Krankheit, wie zum Beispiel einen Schlaganfall, beschädigt wurden, von anderen Bereichen übernommen werden. Ist womöglich das Sprachzentrum zerstört, kann das Sprechen noch mal komplett neu erlernt werden. Das Gehirn bildet neue synaptische Verbindungen und Netzwerke. Die erneut erworbene Sprachfähigkeit ist dann in einer anderen Hirnregion angesiedelt.

Dies ist nur möglich, weil uns die Evolution mit einem großartigen Geschenk ausgestattet hat. Die Möglichkeit zum manuellen Update erschließt sich uns nur deshalb, weil wir mit einem unfertigen und nie abgeschlossen entwickelten Gehirn geboren wurden. Kommt ein Tier auf die Welt, so ist es ziemlich schnell selbstständig. Amseln sind bereits mit 18 Tagen flugfähig, Giraffen können nach wenigen Minuten auf den eigenen Beinen stehen und Zebras schon nach 15 Minuten rennen. Und wir?

Wir kommen winzig und absolut hilflos auf die Welt. Wir können uns nicht von selbst bewegen und sind sehr lange auf fremde Fürsorge angewiesen. Im Gegensatz zu Tieren, die meist etwas besonders gut können, wie zum Beispiel schwimmen, rennen oder klettern, sind wir zwar in keiner Disziplin so richtig perfekt, können aber von allem ein bisschen was. Wir sind sogenannte Alleskönner. Auf Amateurniveau verglichen mit dem Tierreich, aber immerhin!

Wir besitzen jedoch einen ganz entscheidenden Vorteil: Dank unseres unfertigen Gehirns bleiben wir ein Leben lang flexibel und anpassungsfähig. Wir können in großer Hitze und in großer Kälte überleben, wir können Regionen in großer Höhe, in weiter Landschaft oder in dicht besiedelten Großstädten zu unserem Lebensraum machen. Nicht auszudenken, was passieren würde, wenn wir einen Elefanten mitten in New York City oder ein Krokodil am Nordpol aussetzen würden. Die Tiere würden in kürzester Zeit sterben. Sie hätten keine Chance, sich anzupassen. Wir hingegen schon!

Unser größtes Potenzial ist das nicht ausgereifte Gehirn.

Dieses großartige Geschenk der Evolution haben wir unseren Urururururururururu …-Großmüttern zu verdanken. Genauer gesagt, deren Vorliebe für weniger behaarte Männer. Sie schnackselten lieber mit denjenigen Herren der Schöpfung, deren Haarwuchs weniger üppig sprießte. Damit bestimmten Sie unbewusst über die Weitergabe von Genen. Die Folge? Wir dürfen uns heute über eine dezente Körperbehaarung und, das ist das Entscheidende, über ein sich extrem langsam entwickelndes und damit unglaublich formbares Gehirn freuen. Wie das zusammenhängt? Nervenzellen, aus denen unser Gehirn besteht, stammen aus denselben sogenannten ektodermalen Zellen, aus denen sich auch Haar- und Hautzellen entwickeln. Da vornehmlich nur weniger behaarte Exemplare der frühen Spezies Mann zur Paarung zugelassen wurden, hatte das zur Folge, dass sich ein Gen durchsetzte, welches den Haarwuchs verzögert oder sogar ganz hemmt. Quasi als Nebeneffekt ist die Entwicklung unserer Nervenzellen ebenfalls stark verlangsamt. Alles, was sich langsamer entwickelt, ist leichter durch äußere Faktoren beeinflussbar und formbar. So bleibt unser Gehirn ein Leben lang lernfähig.[34]

7.1 Die Entwicklung unseres Gehirns

Noch während wir als Embryo im Bauch unserer Mutter schwimmen, verfügt unser Gehirn bereits über unglaublich viele Neuronen. Es ist in der Tat so, dass wir zu keinem Zeitpunkt unseres späteren Lebens mehr Gehirnzellen besitzen. Wir verfügen in diesem Stadium über unser größtes Potenzial, das nur darauf wartet, von uns genutzt zu werden: Es beginnt bereits mit den ersten Bewegungen im Mutterleib.

Immer wenn das Kleine beispielsweise gegen den Bauch der Mutter kickt, werden im Gehirn des Embryos bestimmte Neuronen erregt und verbinden sich. Je öfter das passiert, desto stärker werden diese Verbindungen und bilden sich dann zu Netzwerken und Schaltzentralen aus. Ist das Kind auf der Welt, ist die Entwicklung noch lange nicht abgeschlossen. Es sind zwar mehr Nervenzellen vorhanden, als der erwachsene Mensch im Durchschnitt besitzt, doch sind diese noch kleiner und leichter. Die Gewichts- und Größenzunahme kommt erst mit der Zeit, wenn sich die Nervenzellen zu Netzwerken verbinden und sich die Nervenfasern ummanteln. Die Ummantelung dient dazu, Nervensignale mit hoher Geschwindigkeit weiterzuleiten. Während der ersten drei Lebensjahre ist das Gehirn ununterbrochen damit beschäftigt, neue Verbindungen zu erstellen. Pro Sekunden bilden sich bis zu zwei Millionen neue Synapsen. Im Alter von zwei Jahren hat ein Kind mehr als 100 Billionen Synapsen. Das ist doppelt so viel als bei einem Erwachsenen. Doch so viele Verbindungen braucht es gar nicht. Ab jetzt werden alle Synapsen, die nicht in aktive Schaltkreise eingebunden sind, wieder gekappt. Im Lauf der nächsten Jahre wird so die Hälfte aller Verbindungen wieder aufgelöst.

Die Entwicklung des Gehirns funktioniert durch Weglassen – nicht durch Wachsen.

Unser Gehirn entwickelt sich nicht, indem es im klassischen Sinne wächst. Unser Gehirn entwickelt sich, indem es ungenutzte Synapsen kappt und entfernt. Je seltener ein bestimmtes Erregungsmuster im Gehirn ankommt, desto wahrscheinlicher ist es, dass dieses Areal abgebaut wird. Wir werden zu dem, was wir sind, indem bereits vorhandene Möglichkeiten wieder weggenommen werden. So haben wir als Baby beispielsweise die Fähigkeit, alle Sprachen der Welt zu lernen. Doch nur diejenigen akustischen Muster, die wiederholt aktiviert werden, festigen sich zur Muttersprache, alle anderen Synapsen in diesem Bereich werden abgebaut.

Wie eine Heckenschere stutzt unsere Umwelt das Dickicht an neuronalen Verbindungen in unserem Gehirn zurecht: Die Synapsen werden weniger, und die, die übrig bleiben, werden ummantelt und damit schneller und fester. Alle Erfahrungen, die ein neuer Erdenbürger macht, formen sein Gehirn. Dieser Prozess endet erst mit dem Tod. Je häufiger wir bestimmte Erfahrungen machen, desto fester werden die angelegten neuronalen Verbindungen.

Stellen Sie sich einen Wald vor, in dem Sie einen neuen Weg anlegen möchten: Zuerst ist es nur ein Trampelpfad, je häufiger diese Verbindungen jedoch aktiviert werden, das heißt, je häufiger Sie den Waldpfad beschreiten, desto breiter wird er. Manchmal wird er sogar zu einer befestigten Straße oder sogar zu einer Autobahn. Diese Autobahnen sind unsere Einstellungen und Vorstellungen, die wir vom Leben haben. Der Vorteil ist, dass wir auf breiten Wegen schnell vorankommen. Der Nachteil kann jedoch sein, dass dieser Weg irgendwann nicht mehr der richtige ist, weil sich beispielsweise unsere Umwelt geändert hat. Dann fällt es uns schwer, diesen komfortablen Weg zu verlassen und stattdessen auf einen Trampelpfad auszuweichen. Das ist anstrengend und kostet Energie. Wie wir wissen, scheuen wir uns, Energie aufzuwenden. Der eingebaute Energiesparmodus bringt uns dazu, möglichst ressourcenschonend durchs Leben zu gehen. Am liebsten würden wir die breit angelegten Denkstraßen nie wieder verlassen müssen. Doch es ist allemal besser, einem Trampelpfad in die richtige Richtung zu folgen, obwohl es uns vielleicht anfänglich etwas Mut, Überwindung und ziemlich viel Energie kostet, als komfortabel im Sportwagen mit 220 Sachen ins Verderben zu düsen!

Unsere Umwelt machte uns zu dem, der wir sind! Unsere Gedanken machen uns zu dem, der wir sein werden!

Dies gilt auch für unser Denken: Aus neurologischer Sicht beeinflusst alles, was wir denken, das Gehirn und führt zu bestimmten Mustern oder Schaltkreisen. Wenn wir immer wieder dasselbe denken, werden diese Schaltkreise im Gehirn stabiler. Überlegen Sie sich dazu folgendes: Täglich haben wir ca. 60.000 einzelne Gedanken. Eine unvorstellbare Zahl. Doch es wird noch unvorstellbarer: Von diesen 60.000 Gedanken kehren 57.000 jeden Tag wieder. Immer wieder. Wir denken jeden Tag 57.000-mal das Gleiche. Chance auf Veränderung bietet sich nur in den lediglich 3000 neuen Gedanken pro Tag. Wir sollten deshalb besonders achtsam mit unseren Gedanken umgehen. Sie beeinflussen, wie sich unser Gehirn entwickelt, und damit, wer wir in Zukunft sein werden und wie es uns damit geht.

7.2 Warum wir so sind, wie wir sind

Das, was wir sind, resultiert daraus, wo wir waren, und aus dem, was wir dachten. Das Umfeld und die Umwelt spielen vor allem während der Kindheit eine große Rolle. Sich vorzustellen, dass wir ein ganz anderes Gehirn und somit ein ganz anderer Mensch wären, wenn wir nicht hier, sondern in Afrika zur Welt gekommen wären, fällt nicht schwer. Sich aber vorzustellen, dass der gleiche Effekt ebenfalls eingetreten wäre, wenn wir nur eine Straße, ja, bloß ein Haus weiter zur Welt gekommen wären, ist nicht ganz so leicht. Aber dennoch ist es so: Wir wären ein anderer Mensch! Aufgrund unserer Gene würden wir in nacktem Zustand zwar genauso aussehen, wie wir es jetzt tun. Unser Gehirn wäre jedoch ein komplett anderes. Selbst ein nur leicht verändertes Umfeld bewirkt einen komplett anderen „Heckenschnitt", um bei dem Bild des wild wuchernden Synapsendickichts zu bleiben.

Zu glauben, wir wären immer dieselbe Person, ist ungefähr so, als glaubten wir, ein Fluss führe immer dasselbe Wasser. Unser Gehirn ändert sich permanent. Wenn wir heute einer Version unseres Ichs von vor 20 Jahren begegnen würden, dann wäre dies eine komplett andere Person. Womöglich sogar mit anderen Charaktereigenschaften, aber auf jeden Fall mit anderen Denkweisen, anderen Werte und anderen Einstellungen. Unsere Persönlichkeit ist nicht statisch. Das, von dem wir glauben, dass wir es sind, ändert sich ständig und ist im Fluss.

Doch warum ist das so? Die große Heckenschere wurde irgendwann im Alter von 25 Jahren weggepackt. Trotzdem ist unser Gehirn einem unablässigen Veränderungsprozess unterworfen. Es handelt sich dabei um die sogenannte Neuroplastizität.

Unser Ich ist in einem stetigen Fluss der Veränderung.

Das ist die Fähigkeit von Synapsen, Nervenzellen oder gar ganzen neuronalen Mustern, sich in Abhängigkeit von ihrer Verwendung zu verändern. Eine unabdingbare Voraussetzung, um zu lernen. Es konnte nachgewiesen werden, dass große neuroplastische Veränderungen immer dann stattfinden, wenn Limbo in irgendeiner Art und Weise beteiligt ist. Anders ausgedrückt: Unser Gehirn verändert sich immer dann, wenn uns etwas unter die Haut geht. Dabei spielt es keine Rolle, ob es sich um positive oder negative Emotionen handelt. In beiden Fällen wird ein Hormoncocktail ausgeschüttet, der in hohem Maße neuroplastisch anregend wirkt.

Diese Erfahrung haben Sie vielleicht selbst schon gemacht: Wenn Sie von einem Thema begeistert sind, dann können Sie sich ratzfatz Wissen dazu aneignen. Oder wenn Sie sich leidenschaftlich für eine Sportart interessieren. Dann fällt es Ihnen leicht, sich die dazu notwendige Technik anzueignen.

Sind wir nicht mit Herzblut bei der Sache, fällt es uns schwer, uns damit zu beschäftigen. Wir beginnen, Aufgaben nur noch routinemäßig „abzuarbeiten", statt sie voller Begeisterung zu vollenden. Haben wir in unserem Leben nie die Möglichkeit, das zu tun, wofür wir brennen, dann brennen wir aus. Wir leben an unseren Möglichkeiten vorbei und werden unzufrieden.

Potenzialentfaltung heißt, das zu tun, was einen begeistert; sich leidenschaftlich mit einer Sache zu beschäftigen; mit dem Herzen dabei zu sein. Deshalb sollten wir unbedingt wissen, was unser Herz will. Nur wenn unser Herz die Richtung vorgibt, zieht das Gehirn mit. Dann können wir aus dem Vollen schöpfen. Wir führen ein Leben entsprechend unseren ganz individuellen Anlagen und Möglichkeiten. Wir sind zufrieden.

Stellen Sie sich vor, Ihre Lebenssituation hat sich drastisch geändert. Sie stehen vor der großen Herausforderung, alte Denkmuster über Bord werfen zu müssen. Keiner ist vor Schicksalsschlägen gefeit. Wovon wir gestern noch felsenfest überzeugt waren, gilt heute nichts mehr. Solche Situationen scheinen unerträglich. Doch selbst in diesen dunklen Stunden gibt es Anlass zur Hoffnung: Wir können uns auf die Neuroplastizität unseres Gehirns verlassen!

Wir können neuroplastische Veränderungen bewusst initiieren. Damit haben wir die Möglichkeit, das manuelle Update zu starten. Nicht nur in schicksalsschweren Stunden. Sondern einfach nur, um endlich ruhiger, zufriedener und gelassener zu werden. Warum nicht jetzt gleich damit beginnen?

Entscheiden wir uns für das Update, dann schlagen wir einen neuen „neuronalen Weg" ein. Wir müssen uns dabei bewusst sein, dass wir auf diesem anfänglichen Trampelpfad nur sehr langsam und holprig vorankommen. Dies darf uns nicht entmutigen. Oder gar dazu bewegen, wieder zurück auf die gut ausgebaute Straße zu wechseln. Je öfter wir den Trampelpfad beschreiten, geduldig Schritt für Schritt und immer wieder, desto breiter wird er, und desto leichter kommen wir voran.

„Begeisterung ist Dünger fürs Gehirn." (Gerald Hüther)

Gezielte Übungen zur positiven Neuroplastizität formen das Gehirn seinem Potenzial entsprechend. Werden Sie mit Freude und Leidenschaft ausgeführt, steht dem Erfolg nichts mehr im Weg. Denn Begeisterung ist, wie Gerald Hüther, bekannter Neurowissenschaftler, einmal treffend bemerkte, „der Dünger für unser Gehirn".[35] Übungen zur positiven Neuroplastizität helfen, uns besser konzentrieren zu können. Wir können unsere Aufmerksamkeit gezielter einsetzen. Unsere Fähigkeit zur Resilienz erhöht sich. Wir werden gelassener und sind auf einem guten Weg zum inneren Frieden. Die wahrscheinlich wichtigste Übung, um positive neuroplastische Vorgänge in unserem Gehirn anzuregen, ist die Achtsamkeits- und Meditationspraxis. Diese lernen Sie im folgenden zweiten Teil dieses Buches kennen.

Teil II

Wie es gelingt, gelassener zu werden

8. Achtsamkeit: der Schlüssel zur Gelassenheit

„Es gibt keine große und schwierige Aufgabe, die sich nicht in kleine, leichte Aufgaben unterteilen ließe."

(Buddhistisches Sprichwort)

Das Handy abschalten. Aus der Tretmühle aussteigen. Die Amygdala beruhigen und die vielen Gedanken im Kopf endlich mal zum Schweigen bringen. Die Tendenz loslassen, ewig etwas zu machen und niemals zu sein. Diese Zwanghaftigkeit entlarven, immer zu denken, zu planen und zu werten. Einfach mal aussteigen und den Geist in die Hängematte legen und barfuß Schritt für Schritt gehen. Oder besser noch: Den ganzen Tag mal in der Hollywoodschaukel liegen! Das wünschen sich die meisten Menschen, um dem Druck des beschleunigten Alltags zu entkommen.

Jetzt, wo Sie in den ersten Kapiteln einiges darüber erfahren haben, warum Sie aufgrund Ihrer Gehirnstruktur so rastlos durch Ihr Leben hetzen, können Sie erste Schritte unternehmen, um dem entgegenzuwirken. Ja, SIE sind in der Lage, Ihr Gehirn umzustrukturieren. Wissenschaftlich erwiesen können wir Zeit unseres Lebens etwas dazulernen, unsere Gedanken bewusst beeinflussen und infolgedessen auch unser Handeln verändern. Sie sind Ihrem Gehirn also nicht vollkommen ausgeliefert. Wir tragen zwar noch steinzeitliche Bürden mit uns, gleichzeitig besitzen wir aber alle Möglichkeiten, unser Gehirn und unseren Geist mittels Achtsamkeit, Selbstmitgefühl, Dankbarkeit etc. zur Gelassenheit zu erziehen. Auch *Sie* können es verändern. Und nur *Sie*! Am besten tun Sie dies ganz achtsam.

Was aber genau ist Achtsamkeit? Derzeit ist sie in aller Munde und wird mittlerweile in immer mehr Lebensbereichen angeboten und von der Wirtschaft einverleibt. Sie zu verstehen und zu verinnerlichen dauert allerdings einige Zeit und viel Übung. Bei der Praxis der Achtsamkeit geht es weniger um ein kognitives Verstehen als um ein möglichst tägliches Üben auf dem Meditationskissen und dem Umsetzen der dort gewonnenen Erkenntnisse im Alltag. Nur so werden Sie selbst nach und nach verstehen, was genau damit gemeint ist, möglichst wertfrei von Moment zu Moment zu leben. Und vor allen Dingen werden Sie nach und nach an kleinen Veränderungen in Ihrem Denken und Handeln erkennen, wie sehr die Achtsamkeit das eigene Leben nachhaltig positiv beeinflusst und verändert.

Gelassenheitsimpuls: *Machen Sie sich bewusst, dass alles, was Sie sind und werden, nur an Ihnen selbst liegt.*

Die zurzeit am häufigsten verwendete Definition von Achtsamkeit geht auf Prof. Dr. Jon Kabat-Zinn zurück, der Achtsamkeit als die gesteigerte Form der Aufmerksamkeit definiert. Es ist das Bemühen, wach und gegenwärtig zu sein. Ohne Wertung. Ohne Kommentar.

Jon Kabat-Zinn ist der Begründer der sogenannten MBSR-Methode (engl.: Mindfulness Based Stress Reduction) und der Begründer und Direktor der Stress Reduction Clinic an der Universität von Massachusetts. Kabat-Zinn verfügte bereits über eine jahrzehntelange Meditationserfahrung und war mit der buddhistischen Lehre sehr vertraut, bevor er MBSR entwickelte. Sie nämlich ist die Wurzel der ganzen Achtsamkeitsbewegung. Lange hielt man die buddhistische Wurzel der Achtsamkeitspraxis zurück, aus Angst, Menschen in Wirtschaft, Politik und Bildung zu verschrecken. Zu groß war die Sorge, als „Esoteriker" abgestempelt zu werden. Erst in den letzten Jahren, in denen die umfassende und tief greifend heilsame Wirkung der Meditation mehr und mehr im Labor erforscht wird, traut man sich, den wahren Begründer der Achtsamkeitspraxis zu benennen: Buddha.

MBSR ist eine Selbsthilfemethode, bei der über acht Wochen hinweg unterschiedliche Übungen gemacht werden. Diese beziehen sowohl den Körper mit allen Sinnen als auch den Geist mit ein. Das Kernstück ist der Bodyscan, bei dem man den ganzen Körper achtsam scannt und dadurch den Präfrontalkortex, also Little Buddha, stärkt. Kabat-Zinn hat mit seiner MBSR-Methode zahlreiche Menschen darin unterstützt, inneren Frieden zu finden. Es heißt, dass sein Institut an eine Klinik angeschlossen war, in der auch solche Patienten, denen man keine Hoffnung auf Heilung gab, behandelt wurden. Kabat-Zinn hingegen gab sich optimistisch und meinte, dass man sie alle zu ihm schicken solle. Er kenne ein Werkzeug, das bei *jedem* Menschen wirke: Achtsamkeit! Mittlerweile wird MBSR weltweit in Kliniken angewandt und ist auch in der Mitte der Gesellschaft angekommen. In Firmen wird es genauso häufig und gerne angeboten wie in therapeutischen Praxen, in der Politik und in der Wirtschaft.

Allerdings ist dieses achtwöchige Programm nur ein erster Anfang. Immer sagen Teilnehmer in der Abschlussrunde: „Jetzt verstehe ich überhaupt erst einmal so langsam, worum es geht!" Aber nicht nur Anfänger machen die Erfahrung, dass sie nach einem MBSR-Kurs oder anderen Formen der Achtsamkeitspraxis das Gefühl haben, erst einen Hauch von der Achtsamkeit erfasst zu haben. Auch Langzeitmeditierende wissen, wie umfassend das Zusammenspiel von Geist und Gehirn ist und wie lange es braucht, bis man beides auch nur im Ansatz durchdrungen hat. Darüber zu reden ist einfach. Es zu durchdringen hingegen braucht ein ganzes Leben. Mindestens.

Gelassenheitsimpuls: *Praktizieren Sie Achtsamkeit ohne Leistungsdruck. Mit Freude und mit Neugierde.*

Aus diesem Grund ist die Grundvoraussetzung für die Achtsamkeitspraxis der sogenannte Anfängergeist. Selbst dann, wenn Sie bereits viel über die Funktionsweise des Gehirns und die Vorlieben und Abneigungen des Geistes gelesen haben und möglicherweise auch schon auf Meditationserfahrungen zurückgreifen können, achten Sie bitte darauf, *jede* Übung nach Möglichkeit immer wieder mit dem Anfängergeist durchzuführen. Damit gemeint ist, dass Sie *jede* Übung ganz frisch und wertfrei umsetzen. So, als würden Sie diese Übung zum allerersten Mal machen. So, als würden Sie Ihren Körper während dieser Übung ganz neu erforschen. Und so, als wäre diese Übung gerade das Allerwichtigste, was es in Ihrem Leben gibt. Denn, so sagte einst Suzuki Roshi, ein japanischer Zenmeister, der die Formulierung „Zen mind is beginner's mind" (Zen-Geist ist Anfänger-Geist) geprägt hat: „Im Geist eines Anfängers gibt es unendlich viele Möglichkeiten. Im Geist eines Experten nur ganz wenige."[36]

Ihr Autopilot hindert Sie daran, die Magie des gegenwärtigen Augenblicks zu erfahren. Wenn Sie achtsam sind, stellen Sie den Autopiloten ab und können sich ganz dem jeweiligen Moment hingeben.

Facetten der Achtsamkeit

1. Achtsamkeit ist ein Werkzeug, Dinge möglichst präsent und aufmerksam zu machen.
2. Die Kunst der Achtsamkeit besteht darin, das, was wir tun, nicht mit vorhergehenden Erfahrungen zu vergleichen.
3. Achtsam zu sein bedeutet, den Autopiloten auszuschalten und den gegenwärtigen Moment mit möglichst allen Sinnen wahrzunehmen. Wertfrei und offen.
4. Achtsam zu leben bedeutet, nicht mehr an der Vergangenheit festzuhalten oder sich permanent mit der Zukunft zu beschäftigen. Es bedeutet, im gegenwärtigen Moment zu sein. Dann ist derjenige, der uns begegnet, der wichtigste Mensch, und das, was wir gerade tun, das Wichtigste.

8.1 Formelle und informelle Praxis der Achtsamkeit

Die Achtsamkeitspraxis, egal ob MBSR oder andere Formen, wird unterteilt in eine formelle und eine informelle Praxis. Bestandteile der formellen Praxis sind stille Sitz- und Gehmeditationen: Nach Möglichkeit tägliche Sitzmeditation von 40 Minuten. Der Fokus wird dabei auf die Atmung, Gedanken, Gefühle und Körperempfindungen gerichtet. Gerne werden auch Sitz- und Gehmeditation abgewechselt (20 Minuten Sitzen und 20 Minuten Gehmeditation).

Wichtige Bestandteile der formellen Achtsamkeitspraxis während der Sitz- oder Gehmeditation sind:

1. Wahrnehmen, was von Moment zu Moment während der Meditation an Gedanken, Gefühlen oder Körperempfindungen auftaucht.
2. Diese Phänomene benennen.
3. Nicht bewerten.
4. Das, was auftaucht, da sein zu lassen, d. h., nichts wegnehmen und nichts hinzufügen.
5. Sollte der Geist abschweifen, sich in Gedanken, Gefühlen oder Körperempfindungen verlieren, ihn wieder freundlich und liebevoll zur Meditation zurückholen und erneut wahrnehmen, was gerade auftaucht.

Wichtige Bestandteile der informellen Achtsamkeitspraxis sind:

1. Jeden Moment im Alltag als eine Möglichkeit betrachten, Achtsamkeit zu praktizieren.
2. Den Autopiloten ausschalten und die Dinge und Menschen so betrachten, als würde man sie zum ersten Mal sehen.
3. Langsamer werden.
4. Allem wertfrei begegnen.
5. Das Leben so annehmen, wie es ist.
6. Gewohnheiten ändern.
7. Mit allen Sinnen gegenwärtig sein.

Empfehlenswert ist es, die formelle und informelle Praxis nach Möglichkeit zum Bestandteil Ihres Lebens werden zu lassen. Da es für die meisten Menschen allerdings sehr schwer ist, sich 40 Minuten täglich Zeit für die Meditationspraxis zu nehmen, empfiehlt es sich, mit kleineren Einheiten zu beginnen. Hauptsache, Sie beginnen!

Gelassenheitsimpuls: *Nehmen Sie sich jeden Tag Zeit für die Meditation. Auch wenn es nur sieben Minuten sind, so werden Sie alleine schon dadurch nach und nach gelassener.*

Achtsamkeitslehrer sprechen immer wieder die Empfehlung aus, die Meditationspraxis sowie die informelle Achtsamkeitspraxis in den Alltag zu integrieren. So wie das Haarekämmen am Morgen und den Kaffee oder Tee zum Frühstück. Unsere Haare – soweit wir noch welche auf dem Kopf tragen – kämmen wir ja auch nicht nur ab und zu. Und genauso putzen wir auch regelmäßig unsere Zähne. Dies alles sind automatisierte Handlungen, die wir in unseren Alltag integriert haben. Verzichten wir darauf, fehlt uns etwas.

Genauso geht es mit der Meditation. Wenn es uns gelingt, sie tagtäglich in unser Leben zu integrieren, selbst wenn es nur fünf bis zehn Minuten täglich sind, dann wird sie uns irgendwann fehlen, wenn wir darauf verzichten. Es ist wirklich unerheblich, ob man zehn oder 20 Minuten meditiert. Wichtig ist, es einfach zu tun!

Sie können die hier im Buch vorgestellten Übungen zum Beispiel eine ganze Woche üben und sich dafür jeweils fünf bis zehn Minuten täglich einräumen. Gerne auch mehr.

Je regelmäßiger Sie die Meditationen machen, desto gelassener werden Sie auf die Unvorhersehbarkeiten des Lebens reagieren.

Dann probieren Sie in der nächsten Woche eine neue Übung aus. Sie können aber auch mehrere Übungen verbinden und sich hierfür gut eine halbe Stunde täglich Zeit nehmen. Wann Sie es tun und wie viele Übungen Sie machen, bleibt Ihnen selbst überlassen. Hauptsache, Sie tun es, und Sie tun es regelmäßig.

Gelassenheitsimpuls: *Machen Sie die Übungen ganz unabhängig von Ihrer Lust und Ihrer Laune.*

Eine wirklich tief greifende Veränderung in Ihrem Geist und infolgedessen in Ihrem Gehirn erreichen Sie nur dann, wenn Sie eine Übung über einen längeren Zeitraum machen. Es heißt, dass man eine Übung mindestens 30-mal durchführen muss, bevor sie im Gehirn verankert wurde. Manche Neurowissenschaftler behaupten sogar, dass sie 1000-mal geübt werden muss, bis die neuronalen Schaltungen sitzen.

Übung: Eine Minute Achtsamkeit

1. **Ankommen:** Kommen Sie in eine bewusste und aufrechte Haltung. Lassen Sie alles los, bis auf diesen einen Moment. Lassen Sie alles da sein, was sich zeigt. Auch die Empfindungen und Gedanken, die unangenehm oder unvorhergesehen sind. Versuchen Sie nicht, es anders haben zu wollen. Was nehmen Sie JETZT gerade wahr?

   (Dauer: etwa 20 Sekunden)

2. **Sammeln:** Richten Sie Ihre ganze Aufmerksamkeit auf Ihre Atmung. Nutzen Sie Ihre Atmung als einen Anker und holen Sie sich mit seiner Hilfe wieder zum gegenwärtigen Moment zurück. Er hilft Ihnen dabei, die Aufmerksamkeit herzustellen.

   (Dauer: etwa 20 Sekunden)

3. **Ausdehnen:** Dehnen Sie nun das Feld Ihrer Aufmerksamkeit auf Ihren ganzen Körper aus. Nehmen Sie Ihren Gesichtsausdruck, Ihre Schultern, Ihre Haltung, Ihren Rücken, Ihre Füße etc. ganz bewusst wahr. Verweilen Sie ein paar Atemzüge ganz bewusst in dieser Wahrnehmung.

   (Dauer: 20 Sekunden – oder so lange Sie möchten.)

8.2 Auf Buddhas Spuren wandeln

Seine Inspirationen für die MBSR-Praxis bezog Jon Kabat-Zinn aus dem Buddhismus. Er selbst verfügt über eine jahrzehntelange Meditationspraxis und weiß genau um die Funktionsweise des Gehirns.

Für Buddha war die Achtsamkeit das zentrale Werkzeug, um den Geist in einem ersten Schritt zu erkennen, in einem weiteren Schritt ihn zu beherrschen und in vielen weiteren Schritten dann zum vollständigen Erwachen zu gelangen. Damit gemeint ist, nach und nach die Funktionsweise des Geistes und des Gehirns zu erkennen und sich nicht mehr von ihnen beherrschen zu lassen. Sie können am eigenen Leib überprüfen, was damit gemeint ist: Wenn Sie morgens wach werden, sind Sie vielleicht noch verschlafen und wissen manchmal gar nicht so recht, was mit Ihnen los ist, weil der Kopf brummt und der Rücken schmerzt. Haben Sie dann aber eine erfrischende Dusche genommen und ein paar Dehnübungen gemacht und sich ganz bewusst auf Ihren Atem konzentriert, sind Sie wach und bereit für den neuen Tag.

Gelassenheitsimpuls: *Jeder Tag bietet Ihnen die Möglichkeit, ein bisschen mehr zu erwachen.*

Buddha war sich der Wirkweise des Gehirns bewusst, sah aber im Geist das größere Problem. Deshalb bestand für ihn das Ziel der Achtsamkeitspraxis darin, zu erkennen, dass die Welt so, wie wir sie sehen und erleben, lediglich eine Projektion ist. Der Geist ist nicht im Gehirn verankert. Während das Gehirn eine körperliche Erscheinung ist, kann man den Geist nicht sehen. Körper und Geist sind somit verschiedene Wesenheiten und besitzen eine unterschiedliche Natur und Ausdrucksweise. Während unser Körper zum Beispiel nach außen hin sehr ruhig und entspannt aussehen kann, kann der Geist von einem Objekt zum anderen springen. In manchen spirituellen Traditionen wie dem Buddhismus und dem Sufismus bezeichnet man den Körper als ein Gasthaus, und der Geist ist ein Gast, der darin verweilt. Wenn wir sterben, verlässt unser Geist den Körper und geht ins nächste Leben über. So, wie ein Gast die Herberge nach einiger Zeit wieder verlässt und dann zur nächsten Herberge wandert.

Der Geist ist somit ein formloses Kontinuum, das die Funktion besitzt, Objekte wahrzunehmen, zu erkennen und zu verstehen. Der Geist selbst ist ruhig, unruhig wird er erst durch Sinneseindrücke und Erfahrungen. Wichtig ist, friedvolle und unfriedliche Geisteszustände unterscheiden zu können. Die Ruhe des Geistes wird besonders gestört durch Gefühle wie Neid, Wut, Begehren oder Unwissenheit.

Die meisten Menschen gehen davon aus, dass unser Leiden durch andere Menschen oder äußere schlechte negative Umstände verursacht wird. Leiden entsteht allerdings maßgeblich durch verblendete Geisteszustände. Es ist wichtig zu verstehen, dass die Befreiung nicht außerhalb des Geistes gefunden werden kann. Wahre Befreiung kann nur entstehen, wenn wir unseren Geist von negativen Zuständen befreien. Je besser wir um die Funktionsweise des Geistes und des Gehirns wissen, desto eher finden wir zu wahrer Gelassenheit.

Gelassenheitsimpuls: *Ärgern Sie sich nicht über Dinge, die in einem Jahr keine Relevanz mehr haben.*

Ein wichtiger Aspekt der Achtsamkeitsmeditation ist, störende Gedanken und Gefühle zu erkennen, sie zu benennen und sich nicht von ihnen in Geschichten verwickeln zu lassen. Mit etwas Übung werden besonders den selbstzerstörerischen und negativen Gedanken und Gefühlen Aspekte wie Dankbarkeit, Freude und Mitgefühl entgegengesetzt und so nach Möglichkeit gemildert oder bestenfalls sogar aufgelöst. Wir beginnen damit, nicht mehr alles zu glauben, was wir denken, und erkennen die Vergänglichkeit von allem an. Dadurch werden wir gelassener und können uns und unsere Probleme mit mehr Abstand betrachten. Die innere Gelassenheit macht Sie unabhängiger von äußeren Umständen und verstärkt den inneren Frieden.

Achtsamkeit ist eine bestimmte Form der Aufmerksamkeit, die nicht wertet. Sie bezieht sich weder auf die Vergangenheit noch auf die Zukunft, sondern vollkommen auf den gegenwärtigen Moment.

Den Geist beruhigen

Ein wesentlicher Aspekt von Meditation, Achtsamkeits- und Gelassenheitspraxis besteht darin, den Geist zu beruhigen. Denn nur dann, wenn der Geist ruhig ist, kommt auch die Amygdala zur Ruhe und umgekehrt. Erst dann werden Sie gelassener durch dunkle Gassen gehen und auch den Hindernissen im Alltag ruhiger begegnen.

Und es kann nicht oft genug erwähnt werden, dass es immer um die Praxis geht. Wir können (und sollten) uns also sowohl auf dem Meditationskissen oder auf der Yogamatte als auch beim Suchen nach einem Parkplatz oder beim Schuheputzen oder beim Aufräumen des Kellers in Geduld, Dankbarkeit, Gelassenheit, Ruhe, Atembewusstsein und Mitgefühl üben. Wir tun uns und unseren Mitmenschen etwas Gutes, wenn wir gelassener werden, denn schließlich nehmen wir uns überall mit hin.

Von Moment zu Moment achtsam sein

Achtsamkeit und eine regelmäßige Meditationspraxis hat bereits das Leben vieler Menschen positiv verändert. Und es kann auch Ihr Leben nachweislich verbessern. Indem Sie Ihren Fokus weg vom Multitasking hin zur Achtsamkeit lenken, entstehen wieder eine bessere Konzentration, körperliches und seelisches Wohlbefinden und eine vertraute Lebensfreude und Gelassenheit. All dies sind umfassende Wirkungen auf unseren Körper und unseren Geist.

Man kann sich nicht gleichzeitig auf zwei Dinge konzentrieren.

Übrigens: Es gibt nur einen einzigen vollkommenen Moment, um mit der Achtsamkeit zu beginnen. Und der ist genau jetzt! Diesen einen Moment auszuschöpfen, jeden einzelnen Augenblick als einzigartig wahrzunehmen, darum geht es bei der Praxis der Achtsamkeit.

Übung: Jetzt. Hier. Und nur hier.

Legen Sie das Buch zur Seite und öffnen Sie sich mit allen Sinnen für Ihre Umgebung. Nach Möglichkeit wertfrei und offen.

Wie riecht der Raum, in dem Sie sich befinden? Ist es Ihnen möglich, drei verschiedene Gerüche zu identifizieren?

1. ______________________________

2. ______________________________

3. ______________________________

Wie fühlt sich die Unterlage an, auf der Sie gerade sitzen oder liegen? Können Sie drei verschiedene Eigenschaften beschreiben?

1. ______________________________

2. ______________________________

3. ______________________________

Welche Geräusche nehmen Sie jetzt gerade im Moment in Ihrer unmittelbaren Nähe wahr? Können Sie auch Geräusche in der Ferne hören?

1. ____

2. ____

3. ____

Welche Farben nehmen Sie vordergründig in dem Raum wahr, in dem Sie sich befinden? Welche drei Farben dominieren dabei in Ihrer Wahrnehmung?

1. ____

2. ____

3. ____

Welche Gefühle kommen Ihnen jetzt gerade in den Sinn, während Sie Ihre unmittelbare Umgebung ganz bewusst und achtsam wahrnehmen?

1. ____

2. ____

3. ____

Welche Gedanken tauchen auf?

1. ____

2. ____

3. ____

Gibt es bestimmte Körperempfindungen, die jetzt vordergründig sind?

1. ____________________

2. ____________________

3. ____________________

Gelingt es Ihnen, Ihre Umgebung wahrzunehmen? Probieren Sie es einfach immer wieder aus.

Übung: Lieblingsorte besuchen

Achtsam zu sein bedeutet, dass wir versuchen, ganz offen und wertfrei für das zu sein, was uns gerade begegnet. Und es bedeutet auch, unseren Autopiloten abzustellen.

Das heißt, dass wir dem Ort, an dem wir gerade sind, vollkommen unvoreingenommen begegnen. So, als würden wir diesen Ort zum allerersten Mal sehen. Eine große Herausforderung, besonders angesichts solcher Orte, mit denen wir intensive Erinnerungen verbinden. Versuchen Sie es trotzdem einmal. Gehen Sie an Ihren Lieblingsort oder in Ihr Lieblingszimmer und stellen Sie sich vor, Sie würden diesen Raum oder Platz das erste Mal betreten. Schauen Sie sich um und beantworten Sie folgende Fragen:

Welche Gerüche nehmen Sie wahr? Ist es Ihnen möglich, drei verschiedene Gerüche zu identifizieren? Wie riecht z. B. der Schrank, vor dem Sie stehen? Oder die Pflanzen in diesem Raum? Herb? Süß?

1. ____________________

2. ____________________

3. ____________________

Wie fühlt sich der Boden dieses Raumes an? Gehen Sie ihn barfuß ab. Schritt für Schritt. Erkunden Sie ihn. Seien Sie neugierig. Kalt? Warm? Weich? Hart?

1. ______________________________

2. ______________________________

3. ______________________________

Welche Farben nehmen Sie vordergründig in dem Raum wahr, in dem Sie sich befinden? Welche drei Farben dominieren dabei in Ihrer Wahrnehmung?

1. ______________________________

2. ______________________________

3. ______________________________

Wie gut können Sie in diesem Raum atmen?
Gibt es Freiräume?
Entsteht in Ihnen ein Gefühl von Weite? Von Enge?
Welche Gefühle haben Sie an diesem Ort?

1. ______________________________

2. ______________________________

3. ______________________________

Welche Körperempfindungen stehen im Vordergrund, wenn Sie sich in diesem Raum auf einen Stuhl, Sessel oder den Boden setzen? Ruhe? Unruhe? Stress? Entspannung?

1. ______________________________

2. ______________________________

3. ______________________________

Einen Ort, den wir kennen, offen und wertfrei wahrzunehmen ist nicht einfach. Es setzt voraus, dass wir unseren Autopiloten ausschalten. Es ist eine wunderschöne Übung, auch wieder einmal wertzuschätzen, was wir bereits haben. Oft sind wir blind für die schönen Dinge, die wir besitzen. Haben keine Zeit, sie so zu betrachten, als hätten wir sie gerade erst gekauft oder bekommen. Die Achtsamkeit hilft uns, den Blick wieder für das zu öffnen, was bereits da ist. Dann sind wir auch nicht mehr so getrieben, etwas Neues erwerben zu müssen.

Vielleicht wird Ihnen durch die achtsame Wahrnehmung des Raumes bewusst, wie unordentlich und vollgestellt der Raum ist und dass dies körperlich bei Ihnen ein Gefühl von Enge erzeugt. Oder aber Sie spüren, wie wohl Sie sich in dem Raum fühlen und dass dieser Sie körperlich entspannt. Etwas, was Sie vielleicht bis dahin noch gar nicht so bewusst wahrgenommen haben.

Übung: Menschen offen betrachten

Achtsamkeit unseren Mitmenschen entgegenzubringen ist die Voraussetzung für glückliche Beziehungen. Wann haben Sie Ihren Ehemann oder Ihre Freundin das letzte Mal mit ganz unverstelltem Blick betrachtet? Passen wir nicht auf, bekommen wir gar nicht mit, dass unser Partner oder unsere Ehefrau sich vielleicht zum Positiven hin verändert hat. Auch hier empfiehlt es sich, immer wieder achtsam zu sein. Offen zu sein und den Blick auf das zu richten, was jetzt gerade ist. Betrachten Sie einen Menschen, der Ihnen wichtig ist, doch mal durch die Augen der Achtsamkeit. Das Gleiche gilt auch für Menschen, mit denen wir Schwierigkeiten haben. Sie sind für uns ein rotes Tuch. Egal, was sie tun oder sagen. Auch hier empfiehlt sich: Autopilot ausschalten und den Menschen unvoreingenommen zu betrachten. Ganz wertfrei.

Achtsamkeit hilft uns, zu erkennen, was ist. Es hilft uns auch, zu verändern, was nicht mehr zu uns passt.

Betrachten Sie das Gesicht dieses Menschen ganz unvoreingenommen. Machen Sie sich bewusst, dass jeder Mensch Leid vermeiden und Glück erfahren möchte. Was passiert, wenn Sie diesen Menschen neutral betrachten und nicht sofort auf ihn reagieren? Welche Gefühle werden dann in Ihnen ausgelöst?

1. ______________________________

2. ______________________________

3. ______________________________

Wenn Sie unmittelbar auf diesen Menschen reagieren, versuchen Sie doch einmal, eine Pause zwischen Reiz und Reaktion zu machen. Ist es Ihnen möglich? Was passiert, wenn Sie einen Moment innehalten und nicht sofort mit einem Gefühl von Liebe oder Ärger auf diesen Menschen schauen?

1. ______________________________

2. ______________________________

3. ______________________________

Welche Gedanken tauchen auf, während Sie ihn betrachten? Schreiben Sie die Gedanken auf. Wenn diese wertend sind, können Sie versuchen, die Wertung einmal zurückzustellen? Keine leichte Übung, aber es ist machbar.

1. ______________________________

2. ______________________________

3. ______________________________

Übung: Sie sind schon dran!

Wenn Sie das Buch bis zu dieser Seite gelesen haben, dann sind Sie schon auf dem besten Weg, Gelassenheit in Ihr Leben zu integrieren.

Erkennen Sie, wo und wann Sie bereits achtsamer geworden sind. Und loben Sie sich dafür, wenn Sie wahrnehmen, dass Sie gerade unachtsam sind. Machen Sie sich bewusst, wann in Ihrem Leben Sie bereits ganz bewusst und achtsam sind. Etwa:

- Wenn ich Golf spiele, bin ich ganz im Moment.
- Beim Zähneputzen …
- Beim Gehen …
- Wenn ich esse, dann esse ich, ohne dabei aufs Handy zu schauen.

- ______________________________
- ______________________________
- ______________________________

8.3 Achtsamkeit und Selbstbeobachtung

Bei der Durchführung der Übungen werden Sie erkennen, dass Achtsamkeit und Selbstbeobachtung ein starkes Team bilden. Um uns selbst zu erkennen, müssen wir uns aber die Zeit dafür nehmen. Denn nur dann, wenn wir den Autopiloten ausschalten und uns zurückziehen, um uns selbst und unsere eigenen Verhaltens- und Denkgewohnheiten zu erkennen, entwickeln wir Selbstbewusstsein und können uns weiterentwickeln.

Rückzug muss nicht bedeuten, dass wir in die Einöde oder in ein Kloster gehen. Es reicht schon, wenn wir uns täglich eine gewisse Zeit aus dem Geschehen nehmen. Das Argument, dass der Tag zu voll ist und die beruflichen und privaten Anforderungen dies nicht zulassen, ist nur eine Ausrede. Selbst Firmenchefs und Bankdirektoren sind in der Lage, sich jeden Tag eine Stunde Zeit für die Meditation und die Innenschau zu nehmen. Man muss sich einfach dazu entscheiden – und es dann tun!

So ist zum Beispiel die Zeit nach dem Aufwachen eine gute Möglichkeit, sich auf sich selbst zu besinnen und den Tag, der Sie erwartet, als ein Geschenk anzusehen, an dem Sie die Möglichkeit haben, sich selbst immer wieder achtsam wahrzunehmen. Eine Meditation noch vor dem „offiziellen" Tagesbeginn ist wohl die wertvollste Unterstützung. Durch sie kommen Sie bereits am frühen Morgen in Ihre Mitte und können den Herausforderungen des Alltags gelassener begegnen. Wenn Sie dann noch über den Tag verteilt immer wieder einige Minuten in Ihren Ablauf integrieren, in denen Sie sich ganz bewusst wahrnehmen, werden Sie nach und nach immer achtsamer. Und gelassener. Versprochen!

Sollten Sie alleine leben, können Sie die Achtsamkeit natürlich ausgiebiger kultivieren und sich mehr Raum für die formelle Meditationspraxis nehmen, in der Sie nicht gestört werden. Wenn Sie in einer Familie leben, können Sie Ihr Zusammenleben mit anderen Menschen als informelle Übungspraxis nutzen. Achten Sie aber darauf, dass Sie immer beides praktizieren: sowohl die formelle als auch die informelle Achtsamkeitspraxis. Viele Menschen glauben, dass Sie aus dem normalen Leben aussteigen müssen, um regelmäßig meditieren zu können. Genau das Gegenteil ist der Fall. Der vietnamesische Mönch Thich Nhat Hanh sagt hierzu, dass Meditation nicht bedeutet, aus der Gesellschaft auszusteigen, der Gesellschaft zu entfliehen, sondern sich für einen Wiedereinstieg in die Gesellschaft vorzubereiten.

Achtsamkeitsmeditationen

Die Achtsamkeitsmeditation ist das Herzstück der formellen Achtsamkeitspraxis. Begonnen wird hierbei mit der Konzentration auf den Atem. Durch das stille Sitzen bei geschlossenen Augen – wenn dies möglich ist – lernen wir uns selbst ganz neu kennen. Normalerweise sind all unsere Sinne wie Antennen nach außen gerichtet, und wir reagieren auf jeden äußeren Reiz bewusst oder – wie wir in den ersten Kapiteln des Buches erfahren haben – auch sehr häufig unbewusst.

Richtig sitzen

Die richtige Sitzhaltung stellt die Basis für alle Meditationen dar. Eine falsche Haltung verursacht körperliche Beschwerden und lenkt von der eigentlichen Praxis ab. Probieren Sie unterschiedliche Haltungen aus, bevor Sie sich auf eine festlegen. Gehen Sie in ein Geschäft, in dem Meditationskissen und -stühle angeboten werden, und lassen Sie sich dort von einem Fachmann beraten.

Ob Sie sich für einen Stuhl, ein Kissen oder ein Meditationsbänkchen entscheiden: der Rücken sollte auf jeden Fall aufgerichtet und gerade sein. Durch eine aufrechte Haltung fließt unser Atem freier. Ist er hingegen gekrümmt, wird Druck auf die Lungen ausgeübt, und das Ein- und Ausströmen des Atems wird schwieriger.

Ein gerader Rücken vermittelt uns auch ein Gefühl von Wachheit, Lebendigkeit und vor allen Dingen von Würde. Diese Qualitäten werden sich im Lauf der Zeit auch auf unser Selbstbewusstsein übertragen. Wichtig sind auch entspannte Schultern. Legen Sie die Hände in den Schoß oder auf die Oberschenkel, sodass die Schultern entspannen können.

Die bewusste Atmung unterstützt uns maßgeblich darin, entspannter zu werden, weniger Stress zu haben und den Schlaf sowie das gesamte körperliche und mentale Wohlempfinden zu steigern.

Die Augen sind halb oder ganz geschlossen.

Die hier beschriebene Körperhaltung ist die Grundhaltung der Meditation. Es gibt eine Fülle von unterschiedlichen Meditationsformen. Einige Schulen richten ihre ganze Aufmerksamkeit auf den Atem, andere konzentrieren sich auf den Körper. Andere arbeiten wiederum mit Visualisierungen oder Mantras.

Wenn Sie über einen längeren Zeitraum meditieren möchten, sollten Sie folgende Punkte berücksichtigen:

Sorgen Sie für eine entspannte und ungestörte Atmosphäre

Der Raum, in dem Sie meditieren, sollte klar und sauber sein. In einem klaren Raum können wir uns gut entspannen und uns auf die Übung konzentrieren. Es ist eine wunderbare Voraussetzung, um bei sich selbst zu bleiben. Je klarer und reiner ein Raum ist, desto schneller kommen wir zu uns selbst, werden wacher und bewusster.

Vielleicht möchten Sie sich auch einen speziellen Meditationsplatz einrichten. Dies ist auf jeden Fall empfehlenswert, weil der Verstand dann eher zur Ruhe kommt. Wenn Sie zum Beispiel in Ihrem Arbeitszimmer meditieren, werden Sie wahrscheinlich sehr häufig von Gedanken abgelenkt, die mit Arbeit und Pflichten zu tun haben. Wenn Sie aber an einem Platz meditieren, an dem Sie sich gut entspannen können, werden Sie wesentlich schneller in die Stille finden. Erfahrungsgemäß fällt es Menschen leichter, immer am gleichen Ort zu meditieren.

Suchen Sie sich ein Zimmer, in dem Sie sich wohlfühlen. Vielleicht wollen Sie sich sogar einen kleinen Altar aufbauen, auf dem Sie eine Buddha-Statue oder ein anderes Symbol des Friedens und der Ruhe aufstellen. Sie können die Atmosphäre an diesem Platz auch durch frische Blumen und eine Kerze unterstreichen. Bedenken Sie dabei, dass eine äußere Situation gleichzeitig Ihre eigene innere Situation widerspiegelt: Ein aufgeräumter, klarer und liebevoll hergerichteter Raum spiegelt einen aufgeräumten, klaren Menschen wider.

Achten Sie auf lockere Kleidung

Vermeiden Sie nach Möglichkeit enge Kleidung oder einen zu engen Gürtel. In bequemer, weiter Kleidung können Sie tiefer ein- und ausatmen, und Ihr Körper wird besser durchblutet.

Üben Sie regelmäßig

Egal, mit welcher spirituellen Tradition Sie sich (theoretisch und/oder praktisch) beschäftigen, alle Schulen weisen darauf hin, dass der Verstand nicht daran interessiert ist, zur Ruhe zu kommen. In der buddhistischen Lehre wird er sogar mit einem Affen verglichen, der von Ast zu Ast springt. Er liebt die Aktion, springt auf jeden neuen äußerlichen Reiz sofort an und kreiert immer wieder neue Gedanken. Viele davon sind leider oft destruktiv und überflüssig. Da der Verstand nicht an einer Meditation interessiert ist, wird er Tag für Tag neue Gründe finden, warum Sie besser noch fünf Minuten im Bett liegen bleiben könnten oder warum es besser wäre, die Meditation auf den Abend zu verschieben usw.

Anfangs werden Sie sich vielleicht dazu überwinden müssen, regelmäßig zu meditieren. Sorgen Sie deshalb dafür, dass die Morgenmeditation zu einem automatischen Ritual wird – ähnlich wie das Zähneputzen. Nach einigen Wochen werden Sie erkennen, wie wohltuend und entspannend die Meditation ist. Selbst wenn Sie jeden Morgen nur zehn Minuten meditieren, so gehen Sie wesentlich gesammelter und konzentrierter in den Tag, als wenn Sie aus dem Bett springen, sich anziehen und ins Büro eilen.

Werden Sie während der Meditation müde, öffnen Sie die Augen und schauen Sie hoch zur Decke, ohne den Kopf zu bewegen.

8.4 Meditation und das Gehirn

Da wir Ihnen in diesem Buch die Funktionsweise des Gehirns näherbringen möchten, sollen an dieser Stelle noch ein paar „gehirngerechte“ Tipps für die Meditation folgen. Der Neuropsychologe Rick Hanson empfiehlt sie, da sie unmittelbar auf das Gehirn wirken.

Fünf Schritte zur Meditation

Bei den folgenden Schritten handelt es sich um Vorschläge, wie Sie Ihre Meditation am besten einleiten können, weil sie auf der Funktionsweise unseres Gehirns basieren.

1. **Eine positive Absicht formulieren.** Erwiesenermaßen wirkt eine innerlich oder verbal formulierte Absicht positiv auf eine bestimmte Region im Frontallappen. Dieser wird dazu angeregt, die orientierenden und vorbereitenden Nachrichten an das gesamte Gehirn weiterzuleiten und ein Ziel zu generieren, das einen langfristig positiven Zustand für den ganzen Organismus darstellen könnte.

   Eine Absicht könnte folgendermaßen lauten:
   - „Möge ich durch diese Meditation gelassener werden.“
   - „Möge diese Meditation mir mehr inneren Frieden schenken und dadurch meine Beziehung entspannen.“

2. **Den Körper entspannen.** Sie können Ihren Körper zum Beispiel durch einen bewussten Wechsel von Anspannung und Entspannung in einen relaxten Zustand bringen. Spannen Sie dafür den ganzen Körper zunächst an: die Zehen, die Beine, die Schulterblätter zusammenbringen, die Arme anspannen, die Hände zu Fäusten ballen, alle Muskeln des Gesichts zur Nase ziehen … Alles wird ganz bewusst

angespannt – und dann losgelassen. Atmen Sie ganz bewusst lange aus und spüren Sie in Ihren Körper hinein.

Solch eine bewusste Entspannung des gesamten Körpers aktiviert den Parasympathikus. Das ist der Gegenspieler zum Sympathikus, der uns auf Angriff oder Flucht programmiert.

3. **Einen sicheren Ort suchen.** Stellen Sie sich einen Ort vor, an dem Sie sich sicher und geborgen fühlen. Das kann ein real existierender Ort sein oder ein Fantasieort. Richten Sie ihn nach Möglichkeit mit allen Sinnen ein. Je detaillierter, desto besser. Sie können sich auch einen Menschen vorstellen, der Ihnen ein Gefühl von Sicherheit und Geborgenheit vermittelt.

   Erwiesenermaßen beruhigt sich unser Gehirn, wenn wir uns bildlich einen Ort der Sicherheit vorstellen. Evolutionsbedingt suchen wir die ganze Zeit den Horizont nach potenziellen Gefahren ab. Und wie Sie in den vorherigen Kapiteln erfahren haben, schlägt die Amygdala bei der kleinsten Kleinigkeit Alarm. Dieses Gefühl von Bedrohung muss sich aber nicht nur auf äußere Gefahren beziehen, sondern es kann auch von Ängsten, Schmerz etc. stammen. Früher wurden Meditationen immer an abgeschiedenen Orten wie z. B. einer Höhle oder am Fuß eines Baumes abgehalten. Dabei war der Rücken des Meditierenden gegen den Baum gelehnt. Das Gefühl von Sicherheit ist jedoch sehr individuell und sollte Ihren eigenen Ansprüchen genügen. Gehen Sie dabei – wie bei allen Vorschlägen – ganz nach Ihrem eigenen Gefühl vor.

4. **Mit positiven Gefühlen verbinden.** Verbinden Sie sich mit positiven Gefühlen wie zum Beispiel Liebe, Mitgefühl, Dankbarkeit oder Frieden und all den positiven Dingen, die in Ihrem Leben passieren, oder all den lieben Menschen, die Sie umgeben. Alleine die Vergegenwärtigung von positiven Gefühlen sorgt dafür, dass sich Ihr ganzer Körper entspannt. Positive Gefühle haben sowohl auf unseren Geist als auch auf unser Gehirn und somit auf unser ganzes Sein einen positiven Einfluss. Sie erzeugen in uns Selbstvertrauen und die Sicherheit, hier im Leben zu Hause zu sein. Positive Gefühle tun einfach gut und sind das Salz in der Suppe für die Gelassenheit.

5. **Offen sein für die positive Auswirkung der Meditation.** Öffnen Sie sich ganz bewusst mit jeder Zelle Ihres Körpers für die wohltuende, positive Auswirkung der Meditation auf Ihren Körper. Stellen Sie sich ganz bewusst vor, wie sich Ruhe, Entspannung und Gelassenheit, die Sie durch die Meditation erfahren, in jeder Zelle Ihres Körpers verankern und sich positiv auf Ihr Gehirn und auf Ihren Geist auswirken.

Erwiesenermaßen führt die Bereitschaft, die positive Auswirkung der Meditation mit jeder Zelle wahrzunehmen, dazu, dass diejenigen Schaltkreise im Gehirn aktiviert werden, die als emotionales Gedächtnis bezeichnet werden. Sie formen die innere Landschaft unseres Gedächtnisses, färben die Gedanken und sorgen dafür, dass wir uns nicht vollkommen in negativen Tendenzen verlieren. Selbst dann nicht, wenn der Himmel grau und die Aussichten nicht ganz so rosig sind.

> Alleine die Freude über die positive Auswirkung Ihrer Meditation auf Ihr Leben führt zu mehr Gelassenheit.

Wenn es Ihnen gelingt, vor jeder Meditation diese fünf Aspekte kurz zu berücksichtigen, wird sich Ihr Gehirn auf positive Weise verändern, und Ihr Nervensystem wird auf eine subtile Weise gestärkt.

Diese fünf Aspekte sind jedoch nur ein Vorgeschmack. Die Meditation selbst hat erwiesenermaßen natürlich auch sehr umfassende und weitreichende Auswirkungen auf unser Wohlbefinden. Aus eigener Erfahrung könnten wir da gleich eine ganze Liste von positiven Auswirkungen erstellen:

Meditation …

- … verbessert unser Stressempfinden.
- … begünstigt positives Denken.
- … macht uns emotional stabiler.
- … schenkt Geduld.
- … erhöht die Konzentrationsfähigkeit und geistige Flexibilität.
- … verbessert die Körperwahrnehmung.
- … verlangsamt den Alterungsprozess.
- … lässt uns besser schlafen.
- … senkt das Schmerzempfinden.
- … senkt den Blutdruck.
- … stärkt das Immunsystem.
- … bringt den Cholesterinspiegel auf ein gutes Niveau.
- … senkt die Laktatkonzentration.
- … senkt den Cortisolspiegel.
- … lässt die Amygdala schrumpfen.
- … macht Little Buddha Cort zum Big Buddha.

Aufmerksam in Stille sitzen

Die Meditation kann in unterschiedlichen Sitzhaltungen praktiziert werden. Egal, in welcher der hier aufgeführten Haltungen Sie während der Meditation sitzen, besonders wichtig ist, dass der Rücken aufrecht und gerade ist. Erst mit einem aufgerichteten Rücken kann der Atem optimal fließen. Die Schultern sind entspannt. Man kann das Gefühl eines leichten Hohlkreuzes haben. Das Kinn wird zur Brust hin gesenkt, sodass der Scheitelpunkt des Kopfes wie von einer unsichtbaren Kraft nach oben gezogen erscheint.

Der halbe Lotossitz

Hier liegt der linke Fuß auf dem rechten Oberschenkel oder umgekehrt, der rechte Fuß auf dem linken Oberschenkel. Am besten sitzt man auf einem festen Kissen, wodurch eine äußerst stabile Haltung mit aufgerichteter Wirbelsäule entsteht.

Der Diamantsitz

Hier sitzt man kniend auf den Unterschenkeln, eventuell mit einem kleinen Kissen zwischen Ritt und Boden oder zwischen Gesäß und Fersen. Die Füße zeigen nach hinten und die Fußsohlen nach oben. Dieser Sitz eignet sich für Menschen, die Schwierigkeiten mit den Knien und Gelenken haben und schlecht im Lotussitz sitzen können. Im Yoga ist dieser Sitz auch als Fersensitz bekannt.

Sitz auf dem Bänkchen

Der Sitz auf einem Bänkchen ist mit dem Diamantsitz zu vergleichen. Der Unterschied besteht darin, dass man auf einem kleinen Meditationsbänkchen sitzt. Diese Bänkchen sind in entsprechenden Fachgeschäften für den Meditationsbedarf erhältlich.

Sitz auf dem Stuhl

Besonders empfehlenswert für Menschen mit Knieproblemen ist die Meditation auf dem Stuhl. Hier ist der gerade Rücken gewährleistet. Diese Haltung ist für uns Europäer sehr entspannend. Aber auch Menschen, die sich schwertun, auf einem Kissen zu sitzen, sollten auf einem Stuhl meditieren. Manche Menschen glauben immer noch, dass wahre Meditation nur auf einem Kissen möglich ist, aber: Der Gelassenheit ist es egal, wo man sie erlangt. Der Erleuchtung auch.

Das Sitzen in der Stille soll uns immer mehr dazu befähigen zu realisieren, wie wir denken und wie wir uns von den Gedanken distanzieren können. Es geht darum, während der ganzen Meditation in jedem Moment mit größtmöglicher Aufmerksamkeit bei dem zu sein, was wir gerade tun: „Tue das, was du tust, während du es tust." – Ein Grundsatz, den wir im Sitzen in der Stille einüben, um ihn dann im Alltag immer wieder neu zu üben.

> Die Meditation ist keine Entspannungstechnik, sondern eine Methode, um den eigenen Geist besser kennenzulernen.

Grundregel I: Sitzen Sie so still wie möglich!

Still zu sitzen ist deswegen wichtig, damit Sie lernen können zu beobachten, was in Ihnen geschieht, wenn Sie nicht abgelenkt werden von äußeren Dingen. Sollte Ihnen beim Sitzen plötzlich der Fuß oder der Kopf jucken, geben Sie dem Bewegungsimpuls (Kratzen) nicht nach. Richten Sie stattdessen Ihre Aufmerksamkeit auf den Atem. Durch die Aufmerksamkeit, die im Lauf der Übung entsteht, wird sich Ihre Konzentration verbessern. Durch Zazen (Sitzmeditation) kommen Sie vielleicht zum ersten Mal überhaupt auf Tuchfühlung damit, wie unkonzentriert Ihr Geist ist. Die Fähigkeit, ihn immer wieder zum Atem zurückzuholen, nimmt mit regelmäßiger Übung zu. Die eigene Bewusstheit wird dahingehend gesteigert, zu registrieren, wie die Gedankenstrukturen verlaufen und wie es gelingen kann, den Geist mehr und mehr zur Ruhe zu bringen. Wählen Sie eine Sitzhaltung, in der Sie zunächst zehn bis 15 Minuten verweilen können, ohne sich zu bewegen. Dabei können Sie sich folgende Fragen stellen:

- Wie fühlt sich der Atem an?
- Wo ist die Bewegung der Einatmung spürbar?
- Wo ist die Bewegung der Ausatmung spürbar?
- Wo im Körper ist Anspannung?
- Wo im Körper ist Entspannung?

Grundregel II: Sitzen Sie so aufrecht wie möglich!

Eine aufrechte Sitzhaltung ist die beste Möglichkeit, Achtsamkeit und Aufrichtigkeit zu erlernen. Durch die regelmäßige Meditationspraxis kann sich der Rücken wieder strecken, und die gesamte Haltung wird aufrechter. Natürlich wird es passieren, dass Sie an manchen Tagen müde und lustlos in die Übung hineingehen. Das wird sich auch in Ihrer äußeren Haltung niederschlagen. Aber auch hier lohnt sich die regelmäßige Praxis. Ihr Rücken wird es Ihnen danken, wenn Sie ihn immer wieder in eine aufrechte Position zurückbringen.

Grundregel III: Nehmen Sie an, was ist!

Wie bereits oben erwähnt, tauchen während des Sitzens allerlei Gedanken, Gefühle und Fantasien auf. Da können interessante, langweilige, erschreckende sowie vielleicht auch ungewohnte Gedanken dabei sein. Die Übung der Meditation Zazen besteht darin, alle Körperempfindungen, Gedanken und Gefühle, die auftauchen, zu beobachten, ohne sie zu bewerten oder ihnen nachzugehen. Körperempfindungen, Gedanken und Gefühle entstehen, aber wenn wir ihnen keine Aufmerksamkeit schenken, dann vergehen sie auch wieder. In der traditionellen Achtsamkeitspraxis wird häufig mit dem Bild des Spiegels gearbeitet. Einen Spiegel interessiert es nicht, ob ein Monster, ein Heiliger oder eine Fliege abgebildet wird. Der Spiegel nimmt die Dinge auf, wie sie sind. Es geht also darum, die Dinge so zu lassen, wie sie sind, d. h., sie nicht zu bewerten oder zu analysieren.

> Wenn Sie mit Panik oder Ängsten zu kämpfen haben, dann richten Sie Ihre Aufmerksamkeit nicht auf den Atem selbst, sondern versuchen Sie, den Fokus auf einen ruhigen Ort im Körper zu richten anstatt auf den Atem selbst.

Übung für Neugierige: Sitzmeditation auf den Atem

(Dauer: ca. 30 Minuten)

- Nehmen Sie eine bequeme Sitzhaltung ein und konzentrieren Sie sich auf das Ein- und Ausströmen Ihres Atems, ohne ihn zu beeinflussen.
- Versuchen Sie, mit Ihrer Aufmerksamkeit beim Atem zu bleiben.
- Während Sie sich auf den Atem konzentrieren, richten Sie Ihre Aufmerksamkeit auf einen bestimmten Punkt im Körper. Zum Beispiel auf die Öffnung der Nase, den Brustkorb oder auf die Bauchdecke.
- Beobachten Sie hier, wie der Atem durch die Nasenlöcher in den Körper einströmt, sich der Brustkorb weitet oder sich die Bauchdecke mit dem Einatmen hebt und mit dem Ausatmen wieder senkt.
- Um sich ganz auf den Atem konzentrieren zu können, bieten sich folgende Möglichkeiten an: Zählen Sie Ihre Atemzüge nach jedem Ausatmen im Geiste von eins bis zehn (einatmen, ausatmen – eins; einatmen, ausatmen – zwei). Zählen Sie bis zehn und beginnen Sie wieder von vorne. Wenn Sie sich vor dem zehnten Atemzyklus bereits wieder in Ihren Gedanken verloren haben, können Sie wieder bei eins anfangen. Versuchen Sie so, zehn Minuten zu meditieren und zu zählen. Wenn Sie mit Ihren Gedanken abschweifen, holen Sie sich immer wieder liebevoll zurück und beginnen Sie bei eins.
- Versuchen Sie, ca. zehn Minuten so zu zählen und zu meditieren, bevor Sie die Zählweise ändern. Zählen Sie dann *vor dem Einatmen:* eins – einatmen, ausatmen; zwei – einatmen, ausatmen.

- Sie können sich aber auch einfach nur darauf konzentrieren, Ihren Atem ganz entspannt zu beobachten.
- Durch die Verlagerung der Aufmerksamkeit auf die Atmung vertiefen sich die Konzentration und die Entspannung. Wenn Sie zehn Minuten auf diese Weise gezählt und sich dabei auf Ihren Atem konzentriert haben, können Sie sich im Anschluss noch weitere fünf Minuten auf den Atem konzentrieren, ohne dabei zu zählen.

Für die meisten Menschen, die mit Meditation noch keine Erfahrung haben, ist das reine Beobachten des Atems sehr schwierig. Häufig driftet man gedanklich schnell weg. Darum dient das Zählen der Atemzüge als Unterstützung. Für die meisten Menschen im Westen, die im Allgemeinen eine stärkere Einatmung als Ausatmung haben, ist es sinnvoll, das Ausatmen zu zählen, zum Beispiel so: Nach jeder Ausatmung lassen Sie sozusagen eine Zahl fallen, wie einen Wassertropfen. Sie beginnen bei eins und enden bei zehn. Gerade wenn Sie noch wenig Erfahrung mit dem Sitzen in der Stille haben, kann es sein, dass Sie es gar nicht bis zehn schaffen, weil schon vorher Gedanken störten. Beginnen Sie dann wieder bei eins.

> Bei der Meditation geht es nicht um Leistung. Es geht darum, sich selbst neugierig und offen besser kennenzulernen.

Das folgende Protokoll hilft Ihnen dabei, die Übungen regelmäßig auszuüben und zu überprüfen, wie es Ihnen damit geht. Es ist übrigens ganz normal, dass es an einem Tag besser und an einem anderen Tag schlechter geht. Nehmen Sie es also bitte nicht immer persönlich und bewerten Sie die Erfahrung nicht im Sinne von Leistung, sondern einfach ganz neugierig und offen dahin gehend, dass jeder Tag einzigartig ist und jede Erfahrung einmalig. Es gibt kein besser oder schlechter.

Datum	**Praxis**	**Erfahrung / Frage**

Übung für Ungeduldige: Kurzmeditation

(Dauer: ca. 10 Minuten)

Sollten Sie das Gefühl haben, keine 30 Minuten Zeit für eine lange Atemmeditation zu haben, dann machen Sie die folgende Übung:

Suchen Sie sich einen ruhigen Ort und stellen Sie den Wecker, sodass Sie sich zehn Minuten ganz ungestört auf Ihre Atmung konzentrieren können. Machen Sie diese Übung nach Möglichkeit eine ganze Woche lang und achten Sie darauf, was mit Ihnen passiert.

	Wie nehmen Sie den Atem wahr? (z. B. erst flach, dann tiefer entspannt)	**Wie fühlen Sie sich während der Atembeobachtung?** (z. B. erst total unruhig, dann entspannt)
Tag 1		
Tag 2		
Tag 3		
Tag 4		
Tag 5		
Tag 6		
Tag 7		

Übung: Wer schaut?

Setzen Sie sich für 20 Minuten in eine aufrechte Position und schließen Sie die Augen. Stellen Sie sich vor, dass Sie einen inneren Beobachter haben, der Sie aus etwas Distanz betrachtet. Er nimmt wahr, wie Sie mit Ihrer Aufmerksamkeit zu Ihrer Atmung gehen und hier bleiben. Er bemerkt, wenn Gedanken auftauchen, die sich nicht sofort wieder auflösen, und benennt sie mit: „Denken, denken." Wenn Sie mit der Zeit etwas geübter sind, kann Ihr innerer Beobachter sie etwas differenzierter benennen: „Planen, planen" oder „erinnern, erinnern" oder „grübeln, grübeln" oder „verurteilen, verurteilen".

Der innere Beobachter hilft Ihnen, auf Abstand zu Ihren Gedanken zu gehen und Ihren eigenen Schutzstrategien so auf die Schliche zu kommen.

Körpermeditationen für Bewegungsmenschen

An manchen Tagen fällt es Ihnen vielleicht schwer, nach einem ganzen Tag auf dem Bürostuhl im Sitzen zu meditieren. Meditation ist überall und in jeder Lage möglich. Wie wäre es, wenn Sie die Atemmeditation im Liegen machen? Probieren Sie es doch gleich einmal aus.

Übung: Den eigenen Atemrhythmus spüren

(Dauer: ca. 5–10 Minuten)

- Sie liegen entspannt auf dem Rücken, eventuell mit einer gerollten Wolldecke unter den Knien und mit einem Kissen unter dem Kopf.
- Beobachten Sie Ihren Atem, ohne ihn zu beeinflussen. Spüren Sie, wie er von ganz alleine kommt und geht. Lassen Sie sich Zeit.
- Wo spüren Sie die Bewegung der Einatmung?
- Wo spüren Sie die Bewegung der Ausatmung?
- Gibt es kleine Pausen nach der Einatmung, nach der Ausatmung oder nach beiden Phasen?
- Atmen Sie flach?
- Atmen Sie durch den Mund oder atmen Sie durch die Nase?

Wenn Sie die Übung im Liegen beherrschen, können Sie versuchen, sich auch während des Tages immer wieder an Ihren Atem zu erinnern. Manchmal sind kleine Hilfestellungen wie ein Zettel mit der Aufschrift „Atem" oder „Wie atme ich?" hilfreich. So werden Sie im Lauf der Zeit Ihre Atmung intensivieren und gleichzeitig lernen, bewusst mit sich und Ihrem Körper umzugehen, und dabei ganz nebenbei Gelassenheit entwickeln.

Übung: Den eigenen Atemraum spüren

(Dauer: ca. 5 Minuten)

- Sie liegen entspannt auf dem Rücken. Vielleicht ein kleines Kissen unter dem Kopf oder mit einer zusammengerollten Wolldecke unter den Knien. Das entlastet den unteren Rücken.
- Schließen Sie nun die Augen und beobachten Sie Ihren Atem, ohne ihn zu beeinflussen. Wo spüren Sie ihn? Im Brustkorb? Im Bauch? In den Schultern? Vielleicht auch in den Armen und Beinen? Lassen Sie sich Zeit.
- Stellen Sie sich nun vor, dass Sie durch den linken Arm atmen, so, als würde der Impuls zum Atmen von dort kommen. Vergleichen Sie nach ein paar Atemzügen die beiden Arme. Stellen Sie sich dann vor, dass Sie durch den rechten Arm atmen. Fühlen sie sich unterschiedlich an?
- Nun das Gleiche mit den Beinen. Erst das linke, dann das rechte Bein. Und wieder vergleichen Sie die Beine. Kommt Ihnen das eine jetzt länger vor als das andere?
- Stellen Sie sich als Nächstes vor, dass Sie mit dem ganzen Körper atmen. So, als sei Ihr Körper eine einzige, große Lunge. Atmen Sie den frischen, vitalisierenden Sauerstoff mit jeder Zelle ein und genießen Sie dieses Lebenselixier. Wie fühlen Sie sich nach dieser Übung?

Es empfiehlt sich, diese Übung jeden Morgen nach dem Aufwachen und jeden Abend vor dem Einschlafen zu machen. Sie wirkt entspannend, fördert das körperliche Wohlgefühl und sorgt für geistige Klarheit. Darüber hinaus macht sie Ihnen jeden Tag aufs Neue bewusst, welch wundervolles Geschenk wir mit unserem Körper und unserer Fähigkeit, aus eigener Kraft atmen zu können, erhalten haben. Und: Sie verhilft zu mehr Gelassenheit.

Das folgende Protokoll unterstützt Sie darin, die Übung regelmäßig auszuüben und zu überprüfen, wie es Ihnen damit geht. Und auch hier gilt: An manchen Tagen werden Sie ganz konzentriert bei der Sache sein und an anderen Tagen weniger. Nehmen Sie dies einfach nur wahr. Nicht urteilen. Einfach neugierig bleiben.

Datum	Praxis	Erfahrung / Frage

Übung: Atmen mit den Armen

(Dauer: ca. 5 Minuten)

- Sie liegen wie oben beschrieben auf dem Rücken, die Beine sind gebeugt, die Fußsohlen und der Kopf liegen am Boden, die Arme liegen locker neben dem Körper.
- Mit einer Einatmung heben Sie die Arme und legen sie nach hinten. Gleichzeitig heben Sie das Becken an. Mit der Ausatmung heben Sie die Arme an und legen sie wieder nach vorn und senken dabei das Becken. Führen Sie diese Bewegung so aus, als würde der Impuls der Armbewegung durch den Atem erfolgen, d.h., nicht Sie bewegen sich bzw. Ihre Arme, sondern der Atem bewegt Ihre Arme.
- Führen Sie auf diese Weise etwa sechs Atemzüge aus.
- In der Pause danach beobachten Sie entspannt, wie sich der Atem anfühlt.

Wenn wir auf diese Weise die Arme bewegen, aktivieren wir den oberen Rücken. Die Einatmung bewegt die obere Wirbelsäule im Sinne einer Aufrichtung, einer Streckung. Diese Übung ist besonders gut für die Streckung der Wirbelsäule, da hauptsächlich der obere Teil unseres Rückens dazu neigt, sich zu runden, sich zu verhärten. Immer wenn wir die Arme bewegen, wirkt sich das dort aus, weil die Arme mit den Schultern und den Schulterblättern verbunden sind. Dieses Bewegungsmuster entspannt den Körper und macht Sie gelassener.

Übung: Wechselatmung mit den Armen

(Dauer: ca. 7 Minuten)

- Sie liegen wie oben beschrieben auf dem Rücken mit aufgestellten Füßen. Einatmend gehen beide Arme nach hinten.
- Ausatmend kommt nur der linke Arm wieder nach vorn zum Boden zurück und geht im Einatmen wieder nach hinten.
- Dann wiederholen Sie den gleichen Verlauf mit dem rechten Arm: Ausatmend geht er nach vorn, einatmend nach hinten.
- Auf diese Weise atmen Sie mit jeder Seite vier- bis sechsmal.
- Beobachten Sie während der Übung, wie sich die Seiten bei der Durchführung der Übung anfühlen und ob auch zwischen Ein- und Ausatmung ein Unterschied besteht.

Bei dieser Übung geht es primär darum, den Körper – und in diesem Fall die Arme – von Moment zu Moment ganz bewusst wahrzunehmen. Lassen Sie sich Zeit für diese Übung. Und nehmen Sie sich auch Raum für diese Wahrnehmung, bei der es nicht darum geht, Muskeln zu trainieren oder etwas Besonderes zu leisten, sondern darum, sich bewusst wahrzunehmen.

Übung: Atmen mit den Beinen

(Dauer: ca. 7 Minuten)

- Sie liegen auf dem Rücken, die Beine gebeugt, die Fußsohlen am Boden, die Arme entspannt neben dem Körper. Lassen Sie sich wieder von Ihrem Atem bewegen.
- Heben Sie beim Ausatmen den linken Fuß vom Boden und bringen Sie das gebeugte Bein locker zum Körper. Beim Einatmen erreicht der Fuß wieder den Boden.
- Das nächste Ausatmen lässt das rechte Bein wieder locker zum Körper heranfallen, die Einatmung stellt den Fuß wieder auf den Boden. Und so im Wechsel jedes Bein vier- bis sechsmal.

Wenn wir mit dem Atem die Arme und die Beine bewegen, sorgen wir auf diese Weise für eine sanfte Mobilisierung der gesamten Wirbelsäule, wie anhand der folgenden Übungen deutlich wird:

Übung: Atmen mit den Armen und mit den Beinen

(Dauer: ca. 7 Minuten)

- Sie liegen auf dem Rücken, die Füße sind aufgestellt, die Arme liegen locker neben dem Körper.
- Die Einatmung führt die Arme nach hinten. Das Ausatmen lässt ein Bein locker an den Körper kommen, dabei legen sich beide Hände auf das Knie.
- Einatmend stellt sich der Fuß wieder zum Boden, die Arme gehen nach hinten. Beim nächsten Ausatmen ist das andere Bein dran.
- Im Wechsel jede Seite vier- bis sechsmal.

Diese Übung ist eigentlich ganz einfach. Eigentlich. Aber sie ist nicht leicht, wenn es darum geht, mit 100 Prozent unserer Aufmerksamkeit ganz bei der Sache zu sein. Lassen Sie also alle Gedanken, die während der Übung auftauchen, „einfach" los und kehren Sie immer wieder von Moment zu Moment zu dem zurück, was Sie gerade tun.

Übung: Die Schulterbrücke

(Dauer: ca. 7 Minuten)

- Sie liegen auf dem Rücken, die Füße sind aufgestellt und parallel, leicht auseinander.
- Einatmend heben Sie das Becken und den Rücken, ausatmend senken Sie den Rücken Wirbel für Wirbel wieder ab.
- Üben Sie diesen Zyklus etwa sechsmal.

Bei den oben aufgeführten Übungen geht es immer wieder darum, Ihnen den eigenen Körper und damit einhergehend den eigenen Atemraum auf eine achtsame, sanfte Weise bewusst zu machen. Wenn Sie die Übungen regelmäßig machen, werden Sie bemerken, dass sich Ihr Körper jedes Mal anders anfühlt. Mal ist er wach, mal müde. Mal sind Sie mit der ganzen Aufmerksamkeit bei der Sache. Mal werden Sie das Gefühl haben, überhaupt nicht fähig zu sein, sich auch nur für drei Atemzüge konzentrieren zu können. Das ist ganz normal. Nehmen Sie einfach wertfrei und achtsam die verschiedenen körperlichen und geistigen Stimmungen wahr, ohne etwas daraus zu machen.

Eine Übung zwei Minuten lang durchzuführen ist effektiver, als sie gar nicht zu machen.

9. | Selbstmitgefühl entwickeln

„Was vor uns liegt
und was hinter uns liegt,
ist unbedeutend verglichen mit dem,
was in uns liegt."

(Ralph Waldo Emerson)

Alle Menschen möchten glücklich sein und Unglück vermeiden. Unbewusst oder bewusst machen wir unser Glück meistens von anderen Menschen und äußeren Umständen abhängig. Wir glauben, dass wir gelassener mit den Herausforderungen des Lebens umgehen können, wenn wir die Liebe unseres Lebens gefunden haben und endlich unserer Berufung folgen können. Durch die vorhergehenden Kapitel dieses Buches haben wir jedoch gelernt, dass das Erfüllen aller nach außen gerichteter Sehnsüchte uns nur einen kurzen Moment der Zufriedenheit schenken kann. Wir tun also gut daran, uns selbst lieben zu lernen.

Wie aber kommen wir dahin, uns selbst anzunehmen und zu lieben? Wie soll es uns gelingen, dass wir uns alleine rundum wohlfühlen? Wie können wir selbst unseren Limbo beruhigen und unser Herz mit Liebe füllen? Ein Mensch, der mit sich selbst im Reinen ist, wird den Frieden, den er mit sich selbst hat, genießen und natürlich auch ausstrahlen. Und wer möchte nicht zufrieden und glücklich sein? Gelassener werden Sie und erfüllter wird Ihr Leben nur dann, wenn Sie die Quelle der Erfüllung in sich selbst finden. Ganz unabhängig davon, ob Sie in einer Beziehung leben oder nicht.

Wie schon mehrfach in diesem Buch erwähnt: Um diese Quelle zu finden, brauchen Sie nicht viel! Als Erstes die Bereitschaft. Und als Zweites ein wenig Zeit. Denn erst wenn wir uns Zeit für uns und unsere eigenen Bedürfnisse nehmen, erkennen wir, was uns guttut und was nicht. Dann erkennen wir, was wir wirklich brauchen und wer wir wirklich sind.

Vielleicht begegnen Sie tagtäglich vielen Menschen – Ihrer Familie, Ihren Arbeitskollegen, Ihren Freunden und Bekannten –, und vielleicht schenken Sie ihnen mal mehr oder weniger viel Aufmerksamkeit. Aber wie oft begegnen Sie sich selbst bewusst und aufmerksam? Wie oft betrachten Sie sich selbst mit der gleichen Aufmerksamkeit, mit der Sie den Menschen betrachten, den Sie über alles lieben? Wie oft verwöhnen Sie sich selbst genauso, wie Sie Ihren Partner, Ihre Kinder oder Ihre beste Freundin verwöhnen?

Haben wir das Gefühl, nur dann liebenswert zu sein, wenn wir etwas Besonderes tun oder vollbracht haben, dann werden wir uns selbst wahrscheinlich auch nur dann lieben und annehmen, wenn wir etwas Besonderes leisten und Mitgefühl für andere haben. Dabei bleiben wir selbst auf der Strecke. Hier braucht es Selbstmitgefühl.

Bereits kleine Übungen in Selbstmitgefühl werden Sie zu mehr Gelassenheit führen. Und Sie werden schnell spüren, um wie vieles reicher Ihr Leben wird, wenn Sie sich selbst mit der gleichen Aufmerksamkeit begegnen, mit der Sie sich um andere Menschen kümmern. Denn: Wenn andere einen Fehler machen, vergeben wir ihnen. Wenn es ihnen schlecht geht, kümmern wir uns um sie. Machen wir hingegen selbst einen Fehler oder werden wir wieder einmal mit unseren kleinen Schwächen konfrontiert, gehen wir oft alles andere als einfühlsam oder liebevoll mit uns um. Wir behandeln uns dann nicht selten wie den letzten Dreck.

Aber auch hier gibt es eine gute Nachricht: In den letzten Jahren wurden zahlreiche Untersuchungen gemacht, die zeigen, dass Selbstmitgefühl unserem Gehirn guttut, es stärkt und den Geist weitet. (Besonders empfehlenswert sind Untersuchungen von Tania Singer vom Max-Planck-Institut.[37]) Selbstmitgefühl ist ähnlich wie die Achtsamkeit ein Weg zu mehr Gelassenheit. Selbstmitgefühl ist nämlich ein Gegenspieler von Unzufriedenheit und Selbstverurteilung, es wirkt gegen Perfektionismus und Selbstüberforderung, gegen den Zwang der Selbstoptimierung und gegen emotionale Verhärtung.

Sich selbst der beste Freund zu werden ist das größte Geschenk, das Sie sich machen können.

9.1 Mitgefühl versus Empathie

Bevor wir Ihnen Übungen zum Thema Selbstmitgefühl und Mitgefühl vorstellen, möchten wir hier noch den Unterschied zwischen Empathie und Mitgefühl erklären. Diese Begriffe werden häufig synonym verwendet, wobei es sich jedoch um zwei ganz unterschiedliche Dinge handelt.

Empathie ist eine reine Fähigkeit, ohne jedwede Intention. Diese Fähigkeit, sich in andere Menschen hineinzuversetzen, besitzt jeder Mensch, denn ohne kooperative Beziehungen zu anderen könnten wir nicht überleben. In unserem Gehirn gibt es dafür drei neuronale Systeme, die Handlungen, Gefühle und Gedanken anderer simulieren. Dies macht es uns möglich, uns einzufühlen, und die Gedanken und Handlungen anderer nachzuvollziehen oder auch vorauszusagen. Empathie kann zum Schaden oder zum Wohle eingesetzt werden. Kriminelle nutzen z. B. ihre empathischen Fähigkeiten, um andere Menschen möglichst geschickt zu betrügen oder erfolgreich abzocken zu können.

Empathie ist eine neutrale Fähigkeit, Mitgefühl wirkt heilend auf Schmerz.

Mitgefühl hingegen ist sinngebunden. Es hat immer den Zweck, heilend auf schmerzhafte Situationen einzuwirken.

Dass Empathie und Mitgefühl sich so grundlegend unterscheiden, wurde erst im Jahre 2007 durch einen Zufall herausgefunden[38]: Matthieu Ricard, studierter Molekularbiologe und buddhistischer Mönch, hatte an einem Forschungsprogramm zum Thema Empathie im neurowissenschaftlichen Labor von Rainer Goebel in Maastricht teilgenommen. Ricard wurde aufgefordert, in einem meditativen Zustand Empathie für Menschen zu empfinden, die starkes Leid erfahren. Dabei wurde sein Gehirn gescannt. Überraschenderweise zeigten die Bilder komplett andere Aktivierungsmuster als bei den Versuchspersonen, die bislang dazu untersucht worden waren. Bei den bisherigen Versuchspersonen, die einen Menschen beobachten mussten, dem starke Schmerzen zugefügt wurden, stellte man Aktivierungsmuster in der vorderen Inselrinde und in der Gürtelrinde fest, also genau in den Arealen, die für das Schmerzempfinden verantwortlich sind.

Bei Ricard jedoch, der während der Untersuchung über Mitgefühl meditierte, wurden ganz andere Hirnareale aktiviert, nämlich solche, die für positive Gefühle, wie z. B. Mutterliebe, zuständig sind. Dank modernster bildgebender Verfahren wurde so der entscheidende Unterschied zwischen Empathie und Mitgefühl sichtbar: Empathie ist die reine Resonanz auf das Leid der anderen, Mitgefühl jedoch ist von allumfassender Akzeptanz und Liebe geprägt.

Nach dieser Erkenntnis wurde Ricard gebeten, sich wiederum Bilder von schmerz- und leidgeplagten Menschen anzuschauen, sich dabei aber nur auf die reine Empathie zu konzentrieren. Dies war für ihn sehr schwierig und wurde zum Ende hin fast unerträglich. Der Hirn-Scan zeigte bei ihm jetzt auch aktive neuronale Verbindungen in der Insula und der Gürtelrinde. Als man ihn jedoch darum bat, diese Bilder wieder mit Mitgefühl zu betrachten, änderten sich sofort die Aktivierungsmuster in seinem Gehirn. Sein Gemütszustand besserte sich, und er hatte keinerlei Schwierigkeiten mehr, sich die Bilder anzuschauen.

Dieses Beispiel zeigt eindrücklich, dass Empathie für uns schmerzhaft und schädlich sein kann, Mitgefühl uns jedoch Kraft und positive Energie schenkt.

Dies ist vor allem für jene Berufsgruppen interessant, die viel mit dem Leid anderer zu tun haben, wie beispielsweise Alten- und Krankenpfleger, Ärzte, Sozialarbeiter etc. Tätige aus diesem Bereich leiden weitaus häufiger an Burn-out, der sich als eine „Erschöpfung der Empathie“ darstellt.

Gelassenheitsimpuls: *Tun Sie sich ganz bewusst etwas Gutes.*

Wenn wir es schaffen, mit Verständnis und Liebe auf unsere Gedanken, Gefühle und Handlungen zu reagieren, stoßen wir auf einen grenzenlosen Brunnen an positiver Energie. Wir lernen, unseren inneren Kritiker und unsere Saboteure nicht nur zu akzeptieren, sondern auch einen liebevollen Umgang mit ihnen zu pflegen und uns nicht mehr von ihnen aus dem Konzept bringen zu lassen.

9.2 Mitgefühl als natürliche Antwort auf Schmerz

Alle Säugetiere besitzen von Natur aus die Fähigkeit zur Fürsorge. Fürsorge ist ein automatisches Verhalten auf Schmerz und die einzig sinnvolle Antwort darauf. Stellen Sie sich folgende Situation vor: Sie beobachten ein kleines Kind auf seinem Dreirad im Park. Auf einmal kippt das Dreirad um, das Kind fällt und schürft sich das Knie auf. Es hat Angst und Schmerzen, es weint und schreit nach seiner Mama. Diese kommt angelaufen, nimmt das Kind in den Arm und tröstet es. Und eins fix drei sitzt das Kind wieder auf dem Dreirad und fährt vergnügt weiter, als ob nichts geschehen wäre. Wenn ein Kind in Stress gerät, dann werden die schon bekannten Hormone Cortisol und Adrenalin ausgeschüttet, und sein Körper befindet sich im Bedrohungsmodus. Die einfachste und natürlichste Art, die Emotionen des Kindes zu regulieren, ist liebevoller Trost. Er regt die Ausschüttung der Hormone Oxytocin und Endorphin an, welche die Stresshormone ausbalancieren. Die Anspannung beim Kind schwindet, und es kommt schnell wieder in einen „normal" entspannten, kindlich-fröhlichen Zustand.

Die Deregulierung der Stresshormone durch liebevollen Trost (Mitgefühl) funktioniert nicht nur bei Kindern. Egal in welchem Alter: Mitgefühl hilft immer!

Doch nur echtes Mitgefühl hilft. Mitleid besitzt keine heilenden Eigenschaften, da die Person, die das Mitleid empfindet, immer über dem Leidenden steht. Ein Kontakt auf Augenhöhe, der für den heilenden Prozess aber notwendig ist, ist dabei nicht gegeben.

Auch „falscher Trost" lindert nicht den Schmerz. So ist es grundverkehrt, jemandem, der leidet, aufmunternde Worte zu schenken, indem man aufzeigt, dass es viele Menschen auf der Welt gibt, die noch viel schlimmer dran sind als er. Wenn Sie zum Beispiel eine Freundin haben, die unter Wechseljahrbeschwerden leidet, dann wird ihr der Rat, mal eine Krebsstation zu besuchen („Da siehst du Menschen, die sind wirklich krank. Dann bist du für deine Wechseljahrbeschwerden echt dankbar!"), ganz sicher nicht weiterhelfen. Schmerz kann nicht verglichen werden. Tut man dies, wertet man den jeweils individuellen Schmerz ab. Jeder Mensch hat aber das Recht, unter seinem Schmerz zu leiden und sich mit diesem Schmerz angenommen zu fühlen.

Eine weitere Reaktion, die oft auf wahrgenommenen Schmerz bei Mitmenschen erfolgt, jedoch ebenfalls nicht heilsam ist, ist die unaufgeforderte Präsentation von Lösungen. Etwas, wozu vor allem Männer tendieren und was sicherlich mit positiver Absicht geschieht, in der Regel aber nach hinten losgeht. Vielleicht kennen die Leserinnen unter Ihnen solche Situationen nur zu gut: Man hatte einen stressigen Tag, und irgendwas ging richtig schief. Am Abend klagt man dem Partner sein Leid, und was geschieht? Der Göttergatte kommt gleich mit einem kompletten Lösungskatalog um die Ecke, angefangen von „Es macht gar keinen Sinn, dass du dich ärgerst“ über „Du musst einfach in solchen Situationen ganz rational bleiben“ bis hin zu konkreten Verbesserungsvorschlägen der aktuellen Situation (z. B. „Zeig mir doch mal die Excel-Liste, in der was nicht stimmt, dann schau ich mir das an“). Dabei wollen Frauen in solchen Momenten doch nur in den Arm genommen werden und hören, dass das alles wirklich furchtbar ist und wir jedes Recht der Welt haben, uns so zu fühlen, wie wir uns fühlen, und dass morgen alles schon wieder ganz anders aussieht.

Und die Männer? Männer wollen bei Problemen meist in Ruhe gelassen werden und selbst auf eine Lösung kommen …

Wir können uns selbst trösten und unseren Schmerz lindern.

Zum Glück können wir uns den heilsamen Prozess, der echtes Mitgefühl in uns auslöst, auch selbst schenken: Wir müssen uns in leidvollen Situationen nur selbst freundlich begegnen. So bringen wir unseren inneren Kritiker zum Schweigen. Das ist für alle Menschen wichtig, die einen sicheren Weg suchen, besser mit Stress umzugehen und schneller zur Gelassenheit zu kommen.

Selbstmitgefühl ist eine bereits fest vorinstallierte Funktion unseres Gehirns. Wir können direkt darauf zugreifen. Doch haben wir sie in letzter Zeit wahrscheinlich kaum genutzt. Deshalb ist sie eingerostet und muss wie ein Muskel trainiert werden. Selbstmitgefühl wird weder in der Schule gelernt noch besitzt es in unserer Gesellschaft einen hohen Stellenwert. Viele glauben, Selbstmitgefühl ließe uns verweichlichen, schwach werden und würde schließlich dazu führen, dass man keine Leistungen mehr erbringe. Doch genau das Gegenteil ist der Fall. So konnte in einem Experiment[39] nachgewiesen werden, dass Studenten, die durch eine Prüfung fielen und danach selbstmitfühlend für sich gesorgt haben, sich viel besser und länger auf die nächste Prüfung vorbereitet haben (und bessere Resultate erzielten) als diejenigen Studenten, die dies nicht taten.

SELBSTTEST

Wie steht es um Ihr Selbstmitgefühl?

Mit folgendem Test können Sie herausfinden, wie es um Ihr Selbstmitgefühl steht. Beantworten Sie dazu folgende Fragen.

Wenn ich traurig bin, lasse ich es mir nicht anmerken.

a) Stimmt b) Manchmal c) stimmt nicht

Lob kann ich nur schwer annehmen.

a) Stimmt b) Manchmal c) stimmt nicht

Wenn ich einen Fehler mache, kann ich mir das nur schwer verzeihen.

a) Stimmt b) Manchmal c) stimmt nicht

Es fällt mir schwer, mich selbst zu verwöhnen.

a) Stimmt b) Manchmal c) stimmt nicht

Zu anderen bin ich viel netter als zu mir selbst.

a) Stimmt b) Manchmal c) stimmt nicht

Es fällt mir leichter, anderen Menschen zu verzeihen, als mir selbst.

a) Stimmt b) Manchmal c) stimmt nicht

Es gibt vieles, was mir an mir nicht gefällt.

a) Stimmt b) Manchmal c) stimmt nicht

Es ist nie gut genug, was ich mache.

a) Stimmt b) Manchmal c) stimmt nicht

Es fällt mir schwer, meine eigenen Emotionen wahrzunehmen und zuzulassen.

a) Stimmt b) Manchmal c) stimmt nicht

Mich selbst zu verwöhnen kommt mir nie in den Sinn.

a) Stimmt b) Manchmal c) stimmt nicht

Haben Sie bei mehr als sechs der zehn Aussagen „Stimmt“ angekreuzt, sollten Sie sich mehr Selbstmitgefühl schenken, liebevoller mit sich umgehen und sich selbst immer wieder verwöhnen.

Treffen fünf Aussagen auf Sie zu? Dann können Sie in bestimmten Situationen zwar schon gut für sich sorgen, gleichzeitig tun Sie gut daran, sich immer wieder zurückzuziehen, für sich selbst zu sorgen und Mitgefühl zu entwickeln.

Neun Gründe für mehr Selbstmitgefühl

1. Selbstmitgefühl macht Sie weicher und damit auch attraktiver.
2. Sie werden achtsamer Ihren eigenen Bedürfnissen gegenüber.
3. Sie müssen keine Gefühle mehr verdrängen, sondern können alles da sein lassen, was auftaucht.
4. Sie können sich selbst schneller vergeben.
5. Sie werden weniger Stress haben, weil Sie nicht mehr alles 200-prozentig richtig machen müssen.
6. Sie sind zu sich selbst genauso nett wie zu anderen Menschen.
7. Sie vertiefen Ihre Beziehung zu sich selbst und damit auch zu anderen.
8. Sie sind nicht mehr so abhängig von dem Lob der anderen.
9. Und last, but not least: Sie werden gelassener.

Übung: Nehmen Sie sich in den Arm!

Wenn Sie mal wieder einen Fehler gemacht haben oder Sie mal wieder etwas nicht so gut gemacht haben, wie Sie es sich vorgestellt haben, dann seien Sie gut zu sich! Nehmen Sie sich lieber in den Arm, anstatt sich selbst die Hölle heiß zu machen.

So geht’s:

Setzen Sie sich bequem hin und legen Sie Ihre linke Hand auf die rechte Schulter und die rechte Hand auf die linke Schulter.

Wiegen Sie Ihren Oberkörper auf diese Weise ganz sanft von Seite zu Seite.

Vielleicht wollen Sie sich selbst auch ein bisschen streicheln. Berühren Sie hierzu Ihre nackten Oberarme oder Schultern. Dadurch wird Oxytocin ausgeschüttet, das sogenannte Kuschelhormon. Das beruhigt die Amygdala.

Übung: Mini-Meditation des Mitgefühls

(Dauer: ca. 5–10 Minuten)

Die Meditation des Mitgefühls (Metta-Meditation) hat ihren Ursprung im Buddhismus. Mittlerweile hat sie auch bei uns Einzug in die Gesellschaft gefunden. Sie wurde erforscht[40], und erwiesenermaßen wirkt sie sich positiv auf unser Gehirn aus. Beginnen Sie mit der einfachen Variante: Schenken Sie sich selbst Mitgefühl.

So geht's:

Kommen Sie in eine aufrechte Sitzhaltung. Legen Sie Ihre Hände auf Ihr Herz, schließen Sie Ihre Augen und öffnen Sie Ihr Herz für sich selbst. Schauen Sie über das hinweg, was Sie an sich selbst nicht mögen. Betrachten Sie das Wesen, das glücklich sein möchte und nicht leiden will. Wünschen Sie sich selbst etwas Gutes, indem Sie sagen:

Möge ich glücklich sein.
Möge ich sicher sein.
Möge ich gesund sein.
Möge ich frei sein von Leid.

Sollte es Ihnen schwerfallen, sich selbst etwas Gutes zu wünschen, so stellen Sie sich zuerst einen Menschen oder ein Tier vor, den oder das Sie lieben. Wünschen Sie ihm oder ihr:

Mögest du glücklich sein.
Mögest du sicher sein.
Mögest du gesund sein.
Mögest du frei sein von Leid.

Stellen Sie sich dann vor, dass Sie sich selbst durch die Augen dieses geliebten Menschen oder Wesens betrachten, und wünschen Sie sich selbst dann durch die Augen der Liebe:

Mögest du glücklich sein.
Mögest du sicher sein.
Mögest du gesund sein.
Mögest du frei sein von Leid.

Wiederholen Sie die Übung so häufig wie möglich. Gerne auch immer wieder über den Tag verteilt. Besonders in solchen Momenten, in denen Sie sich wieder verurteilen und streng zu sich sind.

Übung: Meditation des Mitgefühls für Fortgeschrittene

Erwiesenermaßen werden in der Metta-Meditation, der Meditation des Mitgefühls, folgende Eigenschaften kultiviert: liebevolle Güte, Mitgefühl, mitfühlende Freude und Gleichmut. Liebende Güte hilft gegen Angst, Mitgefühl stärkt unser Einfühlungsvermögen für das eigene Leiden und das Leiden anderer. Mitfühlende Freude hilft uns zu erkennen, dass Glück nicht begrenzt ist. Wenn wir uns am Glück anderer mitfreuen, werden wir von Engstirnigkeit und Groll befreit. Gleichmut hilft uns, nicht vollkommen von unseren Gefühlen übermannt zu werden.

So geht's:

Finden Sie einen ruhigen Platz und setzen Sie sich bequem hin. Machen Sie es sich gemütlich. Es gibt in diesem Moment nichts anderes zu tun, als Mitgefühl für sich selbst und andere zu haben.

Öffnen Sie jetzt Ihr Herz und richten Sie Ihre Aufmerksamkeit auf sich selbst. Schauen Sie über das hinweg, von dem Sie glauben, dass Sie es mögen, und über das hinweg, von dem Sie glauben, dass Sie es nicht mögen. Wenden Sie sich dem menschlichen Wesen zu, das Schmerz und Leid fühlen kann, und wünschen Sie sich selbst etwas Gutes. Wiederholen Sie dabei stetig den Vers:

Möge ich glücklich sein.
Möge ich sicher sein.
Möge ich gesund sein.
Möge ich frei sein von Leid.

Dehnen Sie Ihr Mitgefühl jetzt auf alles aus, was draußen lebendig ist – Pflanzen, Tiere und Menschen. Wie Sie selbst, so wollen auch sie nicht leiden. Öffnen Sie Ihr Herz und wünschen Sie ihnen Gutes, indem Sie den Vers wiederholen:

Mögest du glücklich sein.
Mögest du sicher sein.
Mögest du gesund sein.
Mögest du frei sein von Leid.

Öffnen Sie sich jetzt für die Menschen, die Sie mögen. Schauen Sie über das hinaus, was Sie an ihnen mögen, und wenden Sie sich dem menschlichen Wesen zu, das atmet und Schmerzen haben kann. Wünschen Sie ihnen alles Gute, indem Sie den Vers wiederholen:

Mögest du glücklich sein.
Mögest du sicher sein.
Mögest du gesund sein.
Mögest du frei sein von Leid.

Dehnen Sie jetzt Ihr Bewusstsein auf die Menschen aus, denen gegenüber Sie sich neutral fühlen: eine Ladenbesitzerin, ein Busschaffner, eine Nachbarin. Auch sie haben eine Geschichte, die sehr real für sie ist. Auch sie lieben und leiden. Wenden Sie sich ihnen nun der Reihe nach zu und wünschen Sie ihnen alles Gute, indem Sie den mitfühlenden Vers wiederholen:

Mögest du glücklich sein.
Mögest du sicher sein.
Mögest du gesund sein.
Mögest du frei sein von Leid.

Bringen Sie nun Ihr Mitgefühl den Menschen entgegen, mit denen Sie Probleme haben. Schauen Sie über das hinweg, was Sie an ihnen nicht mögen, und wenden Sie sich dem menschlichen Wesen zu, das genau wie Sie leidet, wenn es Schmerzen hat. Wünschen Sie ihm Gutes und wiederholen Sie im Stillen den Vers.

Mögest du glücklich sein.
Mögest du sicher sein.
Mögest du gesund sein.
Mögest du frei sein von Leid.

Weiten Sie schließlich Ihr Bewusstsein noch einmal und öffnen Sie Ihr Herz und Ihre Fürsorge für alle Menschen:

Mögen alle Wesen glücklich sein.
Mögen alle Wesen sicher sein.
Mögen alle Wesen gesund sein.
Mögen alle Wesen frei sein von Leid.

Übung: Genießen Sie Ihre Unvollkommenheit!

Wenn wir anfangen, mehr Mitgefühl für uns selbst zu entwickeln, dann werden wir auch erkennen, dass wir nicht perfekt sind – und wir es auch nicht werden müssen. Es reicht, wenn wir unsere Unvollkommenheit anerkennen und uns mit ihr anfreunden. Auch das ist ein wesentlicher Schritt zu mehr Gelassenheit. Die folgenden Tipps helfen Ihnen dabei.

So geht's:

Einfach weitermachen!

Es wird immer wieder Tage geben, an denen Sie sich stressen lassen, nicht zur Ruhe kommen oder vergessen, Ihre Übungen zu machen. Das Phänomen des Schleifenlassens der eigenen Übungspraxis kennen wir alle. Selbst dann, wenn die Übungen an sich noch so leicht sind. Und auch dann, wenn wir ganz deutlich erfahren, dass die Praxis uns guttut, fällt es uns über die Maßen schwer, regelmäßig zu üben. Auch dann, wenn wir die allerbesten Absichten haben, werden die meisten von uns früher oder später (mal kürzer oder mal länger) wieder vom Weg abkommen oder pausieren. Das Pausieren ist aber nicht das eigentliche Problem. Denn manchmal stehen schwierige Lebensumstände und übervolle Terminkalender einfach im Vordergrund und machen es unmöglich, uns Zeit für unsere persönlichen Belange zu nehmen. Schwierig wird es nur dann, wenn wir uns dafür verurteilen, kleinmachen und letztendlich aufgeben.

Alleine schon die Absicht, immer und immer wieder anzufangen, ist eine wichtige Übung. Beginnen Sie also wieder und wieder! Immer wieder neu! Ganz unabhängig davon, wann Sie das letzte Mal auf dem Meditationskissen gesessen haben.

Wenn Sie während der Meditation des Mitgefühls Ihre Hand auf den Bauch oder auf Ihr Dekolleté legen, wird Oxytozin ausgeschüttet. Dieses Hormon beruhigt Sie und lässt Sie besser schlafen.

Die eigene Unvollkommenheit anerkennen

Wir alle möchten unsere Trägheit überwinden, den eigenen Schweinehund von jetzt auf gleich zähmen und gelassen sein. Aber wir sind und bleiben in gewisser Weise unvollkommen. Innerlich und natürlich auch äußerlich. Auch wenn wir uns noch so sehr wünschen, durch unsere Achtsamkeitspraxis ein Stück vollkommener zu werden. Wir sind vielleicht kahl, haben Übergewicht, eine Warze, ein Muttermahl, Falten, glatte Haare statt Locken, einen zu kleinen Busen, O-Beine oder nur ein Ohr. Vielleicht fühlen wir uns auch unzulänglich, weil wir mit Ängsten, Depressionen, Zwängen und Suchtverhalten zu kämpfen haben.

Wenn Sie jedoch anerkennen, dass Sie in Ihrer Unvollkommenheit vollkommen sind, wird das Leben leichter. Wie wäre es, wenn Sie in den kommenden Tagen, Wochen und Monaten mehr Freundlichkeit gegenüber Ihrer Unvollkommenheit aufbringen und auch in dieser Hinsicht mehr Selbstmitgefühl für sich haben?!

Alleine unsere Haltung – Wohlwollen und Entschlossenheit – hat schon einen positiven Effekt auf unser ganzes Sein.

9.3 Sich selbst verwöhnen – eine Kunst für sich

Dank Little Buddha Cort können wir uns jeden Moment aufs Neue dazu entscheiden, den Tag zu genießen. Allerdings ist dies etwas, was jeder Mensch nur ganz alleine für sich tun kann. Ein anderer Mensch, Ihr Partner zum Beispiel, kann Ihnen zwar sagen, dass es nicht nötig ist, sich Sorgen zu machen, aber es liegt ganz alleine an Ihnen, diese sorgenvollen Gedanken nicht mehr zuzulassen und Ihre Gedanken positiv auszurichten.

In dem Moment, in dem Sie sich bewusst werden, dass Sie selbst der Schöpfer Ihres kleinen eigenen Universums und Ihrer eigenen Wirklichkeit sind, können Sie diese auch verändern und das Leben jeden Tag aufs Neue genießen.

Wenn wir gelassener werden, erkennen wir, dass wir uns für uns selbst entscheiden können. Wenn Sie zum Beispiel alleine wohnen und einen Partner vermissen, mit dem Sie einen verregneten Sonntag im Bett verbringen und sich austauschen können, dann haben Sie die Möglichkeit, sich von diesen quälenden unheilvollen Gedanken zu befreien. Es sind lediglich Gedanken, die Sie glauben lassen, dass das Leben mit einem Partner viel schöner wäre. Sie selbst können aber auch anders denken: positiv! Denn in Ihrem Kopf hat nur ein Gedanke Platz. Und dieser bestimmt Ihr Empfinden. Sie selbst sind es, der entscheidet, ob der Gedanke positiv oder negativ ist. Sie selbst entscheiden, ob der Gedanke licht und freudvoll ist oder dunkel und leidvoll.

Dem Leben auf eine positive Art zu begegnen kann man lernen. Und es ist gar nicht so schwer, wie es auf den ersten Moment aussieht. Wir fallen zwar gerne und schnell immer wieder in alte Verhaltensmuster zurück, lassen uns von negativen Gedankenschleifen ablenken, aber wenn wir von tiefstem Herzen die Absicht haben, zufrieden zu werden, werden wir schneller glücklich sein, als wir es uns im Moment noch vorstellen können.

Wir sind Meister in der Erschaffung unnötiger, leidvoller Gedanken. Die meisten davon handeln von der Zukunft: Angst vor der Prüfung in der nächsten Woche, Furcht vor einem Treffen mit einem wichtigen Geschäftspartner, Angst davor, ob man im Alter alleine sein oder qualvoll wird sterben müssen. Die Angst nimmt uns viel Lebensqualität – und manchmal sogar das Leben.

Die folgenden Übungen unterstützen Sie darin, Ihre Schultern, Ihren Kiefer und Ihr Zwerchfell zu entspannen – um auf diese Weise gelassener zu werden.

Übung: Ja und Nein. Schultern entspannen

Kommen Sie in einen aufrechten Stand. Schließen Sie die Augen, wenn es Ihnen möglich ist, und drehen Sie Ihren Kopf mit der nächsten Einatmung nach rechts. Am Ende der Einatmung nicken Sie den Kopf ein paar Mal, als würden Sie „Ja“ nicken. Danach schütteln Sie den Kopf ganz sanft, so, als würden Sie „Nein“ sagen. Ausatmend kommen Sie wieder zur Mitte zurück. Machen Sie die Bewegung dann zur linken Seite. Kommen Sie dann zur Mitte zurück und spüren Sie nach. Wiederholen Sie diese Übung einige Male in Ihrem Tempo.

Übung: Schultern hoch und runter

Kommen Sie in einen aufrechten Stand. Atmen Sie ein und ziehen Sie dabei Ihre Schultern Richtung Ohren. Ausatmend lassen Sie die Schultern dann wieder sinken. Einatmend: Schultern wieder anheben. Ausatmend wieder sinken lassen. Sie können das Tempo variieren. Spüren Sie danach ein paar Atemzüge bei geschlossenen Augen nach.

Übung: Immer schön locker bleiben

Stellen Sie sich vor, Sie sind ein Fisch. Öffnen Sie den Mund so weit wie möglich und atmen Sie langsam ein. Ausatmend schließen Sie den Mund wieder. Dabei machen Sie am Ende der Ausatmung mit Ihrem Mund ein O. Stellen Sie sich dabei vor, Sie wären ein Fisch, der ganz entspannt im Wasser schwimmt.

Übung: Entspannende Kreuzatmung

Legen Sie sich auf den Rücken. Die Beine sind gestreckt, und die Arme liegen ausgebreitet in Schulterhöhe. Stellen Sie sich nun vor, dass Ihr Körper ein Kreuz ist: Der Längsbalken ist die Wirbelsäule, der Querbalken wird von den Armen gebildet. Lenken Sie nun Ihre Konzentration in die Herzmitte, den Kreuzungspunkt der beiden Balken. Schicken Sie Ihre ganze Aufmerksamkeit in diesen Bereich. Erspüren Sie nun den Bereich der Wirbelsäule bis zu den Füßen und tönen Sie dreimal mit dem Ausatmen ein „U“ die Wirbelsäule hinunter. Spüren Sie danach ganz bewusst nach, ob und was sich in Ihrem Körper verändert hat. Erspüren Sie dann von der Herzmitte den Längsbalken nach oben zum Kopf und tönen Sie dreimal den Vokal „I“. Spüren Sie danach ganz bewusst nach, ob und was sich in Ihrem Körper verändert hat.

Erspüren Sie dann vom Kreuzungspunkt, dem Herzraum, links und rechts in den Querbalken und tönen Sie dreimal den Vokal „A“ in die Arme, Hände und Finger. Spüren Sie danach ganz bewusst nach, ob und was sich in Ihrem Körper verändert hat. Tönen Sie zum Schluss dreimal das „Om“ und stellen Sie sich in der Mitte des Kreuzes eine Rose vor, die durch Ihr Tönen erblüht, oder einen Stern, der strahlt, oder Ihr Herz, das groß und weit wird.

Die Übungen können Sie im Stehen, aber auch aufrecht sitzend auf einem Stuhl oder Hocker ausführen.

Übung: Atmen mit den Armen und den Vokalen a-e-i-o-u

Kommen Sie in einen aufrechten Stand. Mit dem Einatmen heben Sie beide Arme vor dem Körper nach oben. Das Ausatmen verbinden Sie mit einem „Aaaaa“ und senken dabei die Arme langsam wieder. Achten Sie darauf, dass Atem / Tönen und Bewegung etwa gleich lang sind. Atmen Sie vier- bis sechsmal auf diese Weise ein und aus und spüren Sie bei verschlossenen Augen nach. Dann wiederholen Sie die Übung, indem Sie die anderen Vokale einzeln tönen. Und anhand eines solchen Protokolls können Sie Ihre Erfahrungen festhalten:

Übung	Waren Sie sich der angenehmen oder unangenehmen Erfahrung bewusst, während Sie die Übungen gemacht haben?	Wie genau fühlte es sich im Körper an?	Welche Stimmungen, Gedanken und Gefühle gingen damit einher?	Eigene Notizen

10. Limbos Notfallkoffer

„Niemand außer uns selbst kann uns beherrschen.
Wenn wir das verstehen, werden wir frei.“

(Buddha)

Das, was uns den Schlaf raubt und uns die Gelassenheit nimmt, ist die innere Enge, die entsteht, wenn wir uns permanent sorgen und das Leben nur noch durch einen Tunnelblick wahrnehmen. Diese angstvollen Gedanken beziehen sich oft auf eine Erfahrung aus der Vergangenheit, die wir nicht verarbeitet haben, oder aber auf ein Ereignis, das vor uns liegt. Es gibt negative Erfahrungen aus unserer Vergangenheit, die so tief in unserem Nervensystem festgefroren sind, dass eine Kleinigkeit reicht, um die Erinnerung an sie auszulösen und uns in große Angst zu versetzen. Dann entsteht in uns die gleiche Angst wie früher, und wir fühlen uns noch genauso ausgeliefert wie in der damaligen Situation.

Eine Erfahrung, die uns zutiefst überfordert hat und in der wir eine enorme Hilflosigkeit erfahren haben, wird alle zukünftigen Erlebnisse beeinflussen und sie von der Angst vor einer Wiederholung überschatten. Ein traumatisches Erlebnis, wie eine Vergewaltigung, ein schwerer Verkehrsunfall oder eine Demütigung am Arbeitsplatz, wird nicht nur in dem Moment, in dem diese Erfahrung passiert, eine tiefe Traumatisierung und damit einhergehend ein Gefühl tiefster Ohnmacht auslösen. Es führt auch dazu, dass wir es in die Zukunft hineinprojizieren und damit rechnen, dass wir ähnliche Erfahrungen wieder machen werden. Somit ist unser Erleben von Angst geprägt. Solche tief sitzenden Traumata können nur mithilfe eines dafür ausgebildeten Therapeuten gelöst werden.

Aber auch Situationen, die nicht ganz so dramatisch sind, z. B. eine Prüfung, ein Umzug, eine Pensionierung oder selbst eine Hochzeit, können Ängste auslösen. Und hier kann uns Limbos Notfallkoffer unterstützen und uns helfen, nicht vollkommen den Kopf zu verlieren. Zum Glück helfen die vielen kleinen Übungen maßgeblich dabei, einer Situation mit Gelassenheit zu begegnen und uns und unserem Körper somit unnötigen Stress zu ersparen.

Egal, wie dramatisch wir uns eine Situation in unserem Kopf ausmalen mögen, wichtig ist, dass wir unsere Aufmerksamkeit umlenken: weg von der Angst hin zu etwas, das uns darin unterstützt, den Blick wieder zu weiten. Denn nur dann erkennen wir, dass unsere Angst überdimensional ist. Und dass das, was wir gerade denken, nicht mehr ist als ein einzelner Gedanke. Das ist natürlich leichter gesagt als getan. Wer

Angst hat oder aber deprimiert ist und keinen Ausweg sieht, der tut sich schwer damit, dem Leben etwas Positives abzugewinnen. Der sieht das Leben nur noch durch einen Tunnelblick, und alles wirkt auf uns düster und bedrohlich. Dann wird Gelassenheit zu einem Fremdwort, negative Gefühle machen sich immer mehr in uns breit und versetzen das Nervensystem immer mehr in Aufregung. Es ist ein einziger Teufelskreis: Die Gedanken werden immer unheilvoller, und die Angst wird immer größer. Diesen Kreislauf aber können Sie unterbrechen.

10.1 Sieben Übungen bei Unruhe, negativen Gefühlen, Angst und Panik

Die folgenden Übungen sind besonders hilfreich, wenn es darum geht, die Negativspirale im Kopf zu unterbrechen und wieder klare Gedanken zu bekommen. Manchmal reicht eine einzige Übung aus, um wieder in die Gegenwart zurückzukommen. Manchmal braucht es etwas mehr Geduld, und es dauert länger, bis wir erkennen, dass es nur ein Gedanke ist, der uns die Gelassenheit raubt. Aber besonders in solchen Momenten, in denen wir den Boden unter den Füßen zu verlieren scheinen, ist es wichtig, dranzubleiben. Vielleicht hält die Entspannung nur ein paar Momente an, bevor der Geist wieder um die gleichen destruktiven Gedanken kreist. Aber auch dann – oder besonders dann – gilt es weiterzumachen. Nach und nach werden die Zeiten, in denen die Entspannung sich über den Geist auf unseren Körper auswirkt, länger, und die Phasen der Angst oder Verzweiflung kürzer. *Jeder* Mensch besitzt die Möglichkeit, innerhalb des sogenannten Toleranzfensters lernfähig und offen zu sein und seine Fähigkeit, auf bestimmte Situationen mit mehr Gelassenheit zu reagieren, auszubauen.

Finden Sie *Ihre* Übung

Es versteht sich von selbst, dass nicht jede Übung gleich ein Gefühl von Gelassenheit bei Ihnen auslöst. Seien Sie also offen und suchen Sie sich einfach diejenigen Übungen heraus, auf die Sie schnell und positiv reagieren. Wiederholen Sie genau diese dann so häufig wie möglich. Machen Sie sich bewusst, dass mit jeder Wiederholung eine neue Verbindung von Limbo zu Little Buddha Cort gebahnt wird. Denn – und darauf können Sie sich verlassen – zahlreiche Untersuchungen haben gezeigt, dass Menschen, die regelmäßig Achtsamkeitsübungen, Meditationen und Yoga machen, auf Stresssituationen überlegter und zielsicherer reagieren.[41] Forschungen haben aber auch gezeigt, dass solche Methoden nur dann wirksam sind, wenn sie regelmäßig gemacht werden. Nur dann verankert sich ihre Wirksamkeit im Gehirn. Die dafür notwendigen neuronalen Verbindungen sind geschaffen, sodass Sie in für Sie bedrohlichen Situationen nur in den Notfallkoffer greifen müssen und sich dann schnell wieder entspannen und den Herausforderungen gelassen begegnen können.

Übung: Verankern Sie sich

Bei dieser Übung verankern Sie den Geist über die Sitzhöcker mit dem Boden. Dann können schwierige Gefühle oder angstmachende Gedanken Sie nicht mehr so schnell überfluten, und Sie können gelassener bleiben.

- Kommen Sie in eine aufrechte Sitzhaltung. Ihre Füße sind parallel aufgestellt. Richten Sie Ihre Wirbelsäule auf und gehen Sie dann mit Ihrer ganzen Aufmerksamkeit zu Ihrer Unterlage.
- Nehmen Sie als Nächstes über die Sitzhöcker Kontakt mit der Unterlage auf. Wie fühlt sich diese an? Weich? Hart? Warm? Kalt?
- Wenn es Ihnen schwerfällt, den Kontakt herzustellen, können Sie zusätzlich noch Ihre Hände unter das Gesäß legen. Nehmen Sie die Sitzhöcker jetzt bewusster wahr?
- Atmen Sie über Ihre Sitzhöcker jetzt ein paarmal ganz bewusst in Ihre Hände ein und aus.
- Sobald der Kontakt hergestellt ist, nehmen Sie Ihre Hände weg.
- Sinken Sie dann ausatmend noch einmal tiefer und bewusster auf die Unterlage.
- Stellen Sie sich vor, wie sich Ihre Sitzhöcker dabei im Boden verankern.
- Lassen Sie die Ausatmung mit jedem Mal länger werden und stellen Sie sich vor, dass Sie sich dabei mehr und mehr mit der Unterlage verbinden.
- Stellen Sie sich vor, dass Sie Gelassenheit einatmen und Stress, Angst oder Unruhe ausatmen.

Übung: Den ruhenden Pol finden

Es ist besonders die Mischung aus bewussten Körperübungen, Sanftheit und fließenden Bewegungen, die Sie hier im Buch kennenlernen und die Sie darin unterstützen, gelassener zu werden. Bei dieser Übung geht es darum, dass Sie ganz bewusst einen ruhigen Punkt in Ihrem Körper finden. Anfangs kann es etwas dauern, bis Sie ihn gefunden haben. Aber mit der Zeit wird er sich mehr und mehr zu einer ganzen Region ausdehnen.

- Kommen Sie in eine aufrechte Sitzhaltung. Versuchen Sie, dabei möglichst eine würdevolle und entspannte Haltung einzunehmen.
- Lächeln Sie und entspannen Sie sich.

- Die Zunge ist ganz entspannt.
- Der Unterkiefer ist locker.
- Die Hände liegen ruhig und entspannt auf den Oberschenkeln, die Füße stehen parallel am Boden.
- Gehen Sie jetzt im Geiste durch Ihren Körper und schauen Sie, ob es dort irgendwo einen Bereich gibt, der ganz ruhig ist. Diese Region muss nicht groß sein. Er kann überall sein. Sowohl im linken kleinen Zeh als auch im rechten Ohrläppchen.
- Wenn Sie einen solchen Bereich gefunden haben, dann bleiben Sie mir Ihrer Aufmerksamkeit dort.
- Wenn Sie keine Ruhe im Körper finden, dann entspannen Sie sich. Dann werden Sie diese Region beim nächsten Mal wahrnehmen.
- Bleiben Sie ansonsten ein paar Atemzüge an diesem Punkt und entspannen Sie sich in diese Ruhezone hinein.
- Lösen Sie die Aufmerksamkeit nach eigenem Belieben von diesem Punkt und strecken und recken Sie sich noch ein paarmal.

Mit dem folgenden Protokoll können Sie Ihre Erfahrungen festhalten:

Datum	**Wo genau haben Sie den ruhigen Punkt im Körper wahrgenommen?**	**Wie genau fühlte es sich im Körper an?**	**Welche Stimmungen, Gedanken und Gefühle gingen damit einher?**	**Hat er sich mit der Zeit verändert? Woran lag es?**

Übung: Heißen Tee kühlen

Sollten Sie sich nicht konzentrieren können oder das Gedankenkarussell in Ihrem Kopf so schnell oder so laut sein, dann eignet sich diese Übung besonders gut.

- Nehmen Sie eine Tasse mit heißem Tee in die Hand. Sollten Sie keine parat haben, so stellen Sie sich vor, dass Sie eine solche Tasse in der Hand haben.
- Stellen Sie sich vor, dass der Tee so heiß ist, dass Sie ihn nicht trinken können. Atmen Sie deshalb ganz bewusst tief ein und stellen Sie sich vor, dass Sie den Tee über das Blasen kühlen.
- Lassen Sie die Ausatmung so lang wie möglich werden.
- Wiederholen Sie die Übung einige Male. Am besten so lange, bis Sie das Gefühl haben, dass Sie wieder klarer im Kopf sind, und sich nach und nach wieder ein Gefühl von Gelassenheit und Ruhe in Ihrem Körper ausbreitet.

Jedes Mal, wenn Sie eine Übung ganz bewusst machen, stärken Sie Ihren Präfrontalkortex.

Übung: Gelassen gehen, Schritt für Schritt

- Die Gehmeditation zählt sowohl zu den formellen als auch zu den informellen Achtsamkeitspraktiken. Sie ist sehr effektiv und wirkt sofort!
- Nehmen Sie sich eine Strecke von ca. zehn Schritten vor und gehen Sie hier ganz bewusst und langsam Schritt für Schritt.
- Legen Sie Ihre Hände vor dem Unterbauch zusammen. Dort ist Ihr Kraftzentrum. Die Hände hier abzulegen erdet Sie und zentriert Sie gleichermaßen.
- Richten Sie dann Ihre ganze Aufmerksamkeit auf Ihre Füße.
- Einatmend heben Sie den rechten Fuß. Der linke bleibt dabei am Boden.
- Ausatmend rollen Sie den rechten Fuß ganz bewusst und behutsam ab. Erst wenn der rechte Fuß vollkommen den Boden berührt und beide Füße am Boden sind, können Sie den linken Fuß vom Boden heben und so Schritt für Schritt gehen.
- Gehen Sie so lange, bis sich ein Gefühl von Gelassenheit und Entspannung einstellt.
- Sie können diese Übung auch sehr gut in Ihren Alltag integrieren und sich jeden Tag eine Strecke aussuchen, die Sie ganz bewusst Schritt für Schritt gehen. Zum Beispiel vom Auto ins Büro oder vom Bad in die Küche. Sie können auch die Treppen nutzen, anstatt den Aufzug zu verwenden, und hier ganz bewusst Schritt für Schritt achtsam gehen.

Übung: Benennen, was ist

- Kommen Sie für die folgende Meditation in eine aufrechte Sitzhaltung. Kommen Sie in Ihrem Körper an und konzentrieren Sie sich dann auf Ihre Atmung.
- Nehmen Sie bewusst wahr, wie Sie ein- und ausatmen. Versuchen Sie, mit Ihrer ganzen Aufmerksamkeit bei Ihrer Atmung zu bleiben.
- Früher oder später wird sich ein Gefühl, ein Gedanke oder eine Körperempfindung oder eine sinnliche Wahrnehmung in den Vordergrund drängen.
- Sobald Sie diese bemerken, benennen Sie diese z. B. mit „denken, denken" oder „planen, planen" oder „hören, hören".
- Wenden Sie sich dann wieder Ihrer wertfreien Beobachtung der Atmung zu. Verweilen Sie dann bei der Atmung. So lange, bis sich wieder etwas in den Vordergrund stellt.
- Mit etwas Erfahrung können Sie diese Übung auch mit in Ihren Alltag nehmen und hier etwas modifizieren. Im Alltag können Sie sich zum Beispiel darauf konzentrieren, wie oft Sie etwas oder jemanden bewerten. Sobald Sie also bemerken, dass Sie sich in Bewertungen verfangen haben, sagen Sie „werten, „werten". Oftmals ist es uns nämlich gar nicht bewusst, wie viel und vor allen Dingen wen wir alles bewerten – und das häufig leider sehr negativ.

Mit dem folgenden Protokoll können Sie Ihre Erfahrungen festhalten:

Datum	Wie lange hat es gedauert, bis Sie sich der angenehmen oder unangenehmen Gedanken, Gefühle oder Körperempfindungen bewusst waren?	Wie genau fühlte es sich im Körper an?	Was hat Ihnen dabei geholfen, nach einer Unterbrechung / dem Abschweifen der Gedanken wieder zur Übung zurückzufinden?	Eigene Notizen

Datum	Wie lange hat es gedauert, bis Sie sich der angenehmen oder unangenehmen Gedanken, Gefühle oder Körperempfindungen bewusst waren?	Wie genau fühlte es sich im Körper an?	Was hat Ihnen dabei geholfen, nach einer Unterbrechung / dem Abschweifen der Gedanken wieder zur Übung zurückzufinden?	Eigene Notizen

Übung: Anspannen! Entspannen!

Jeder Entspannung geht eine Anspannung voraus. Sollten Sie also besonders angespannt sein, dann können Sie den Körper auch noch einmal ganz bewusst anspannen, um eine Entspannung dadurch zu unterstützen.

- Idealerweise legen Sie sich auf den Rücken. Sie können die Übung aber auch im Sitzen oder Stehen machen.
- Schließen Sie die Augen und spannen Sie jetzt ganz bewusst die Füße an. Ziehen Sie die Zehen zum Körper und die Fersen vom Körper weg. Entspannen Sie sie dann ganz bewusst.
- Spannen Sie dann nach und nach die verschiedenen Regionen Ihres Körpers an: Beine. Gesäß. Schulterblätter zusammenbringen. Arme anspannen. Hände zu Fäusten ballen. Finger wegspreizen. Alle Muskeln des Gesichts zur Nase ziehen. Die jeweilige Region ganz bewusst ein paar Atemzüge lang angespannt halten. Und dann die jeweilige Region immer wieder entspannen.
- Abschließend noch einmal den ganzen Körper anspannen und entspannen.
- Und dann nachspüren.

Übung: Im Körper verankert – mit der Welt in Kontakt

- Setzen Sie sich gerade hin. Die Füße sind aufgestellt und haben guten Kontakt mit dem Boden. Die Sitzhöcker verankern Sie in der Unterlage.
- Schließen Sie Ihre Augen und nehmen Sie sich als Ganzes von innen heraus wahr. Von den Fußsohlen bis zum Scheitelpunkt.
- Entspannen Sie als Nächstes den Blick hinter den geschlossenen Lidern. Lösen Sie hierfür alle Anspannung in der Augenmuskulatur.
- Wandern Sie nun durch Ihren Körper und suchen Sie sich einen Ort, an dem Sie Ihre ganze Aufmerksamkeit verankern. Besonders geeignet hierfür ist der Herz- oder Beckenraum.
- Sobald Sie sich richtig gut verankert haben an diesem Ort und Ihre Wahrnehmung dort konstant geworden ist, öffnen Sie die Augen halb.
- Achten Sie darauf, dass die Augen weiterhin vollkommen entspannt bleiben und Ihr Blick diffus bleibt, während Sie mit offenen Augen die Außenwelt wahrnehmen.
- Verweilen Sie so in dieser Haltung, ohne zu blinzeln und ohne zu versuchen, den Blick scharf zu stellen.
- Halten Sie die innere Wahrnehmung so stabil wie möglich, während Sie gleichzeitig die Wahrnehmung nach außen gerichtet haben. Wenn Sie die Aufmerksamkeit nicht mehr halten können, schließen Sie ein paar Augenblicke die Augen, um sich zu sammeln.
- Öffnen Sie die Augen dann wieder, während Sie mit Ihrem Innern verankert bleiben und sich für die Welt öffnen.
- Schließen Sie abschließend noch einmal die Augen, bevor Sie sich dann wieder dem Alltag zuwenden.

10.2 Was denken Sie, während Sie üben?

Es ist ganz normal, dass Sie bei all den Übungen denken. Mal sind es mehr Gedanken, mal weniger. Wichtig ist, überhaupt erst einmal zu bemerken, dass Sie denken während der Übungen – und natürlich auch im Alltag –, und in einem zweiten Schritt zu erkennen, was genau Sie denken.

Im Folgenden finden Sie eine Aufzählung der „beliebtesten" Gedankenkategorien:

1. **Katastrophieren:** Der Geist spielt das „Was, wenn …"- Spiel. Er fokussiert besorgt auf das Worst-Case-Szenario der Zukunft. Was, wenn das passiert? Was, wenn jenes passiert? Diese Gedanken verstärken Ängstlichkeit.
2. **Beschuldigen:** Das ist ein Trick des Geistes, bei dem ein unangenehmes Gefühl weggeschoben wird, indem man sich für den Schmerz eines anderen Menschen oder umgekehrt einen anderen Menschen für den eigenen Schmerz verantwortlich macht. Das Problem dabei ist, dass wir die Angelegenheit als außerhalb von uns selbst wahrnehmen und somit unsere Kraft verschenken, Veränderungen zu bewirken.
3. **Wiederkäuen:** Dabei reflektieren unsere Gedanken vergangene Umstände und gehen sie wieder und wieder durch, oftmals in dem Bemühen, etwas zu verstehen.
4. **Proben:** Hier übt der Geist für eine in der Zukunft liegenden Situation und spielt immer wieder verschiedene Möglichkeiten durch, was dabei passieren könnte.

Was sind Ihre „Lieblingsgedanken"? Haben Sie neben den hier aufgeführten Kategorien noch weitere Gedanken, die Ihnen durch den Kopf gehen?

____

____

____

____

____

Wenn es Ihnen gelingt, dass Sie absichtsvoll neugierig darauf werden, wie Ihr Geist funktioniert, und auch dadurch, dass Sie bestimmte Kategorien von Gedanken benennen, wird der Raum zwischen dem Gewahrsein und den Gedanken größer. In diesem Raum liegen Ihre Wahlmöglichkeiten und Ihre Freiheit.

Übung: Achtsamkeit für negative und bewertende Gedanken entwickeln

Sind Sie sich der Qualität Ihrer eigenen Gedanken bewusst? Häufig bemerken wir gar nicht, dass wir den Blick eher auf die einzige dunkle Wolke am Himmel richten, anstatt uns an dem blauen Himmel und dem Sonnenschein zu erfreuen. Nehmen wir unsere Denkmuster hingegen unter die Lupe und untersuchen wir wertfrei und offen, in welche Richtung unsere Gedanken gehen, werden die meisten Menschen mit Erstaunen feststellen, wie negativ sie eingestellt sind und dass die Gedanken im eigenen Kopf häufig viel dunkler sind als die Situation selbst. Seien Sie also neugierig und nehmen Sie Ihre Gedanken einmal genau unter die Lupe.

Erlebnis	Waren Sie sich der unangenehmen oder bewertenden Gedanken bewusst, während Sie eine bestimmte Erfahrung gemacht haben?	Wie genau fühlte es sich im Körper an?	Welche Stimmungen, Gedanken und Gefühle gingen damit einher?	Welche Gedanken und Gefühle haben Sie jetzt, während Sie diese aufschreiben?

11. Sich mit etwas Höherem verbinden

„Entwickle einen Geist,
der so offen ist wie der Raum,
in dem die angenehmen und unangenehmen Erfahrungen
entstehen und vergehen können,
ohne Konflikte oder Leid hervorzurufen.
Verweile in diesem Geist wie im weiten Himmel."

(Majjhima Nikaya)

Im Laufe des Buches haben Sie erfahren, was Sie tun können, um die Arbeitsweise Ihres Gehirns besser zu verstehen – und es so einzusetzen, dass Sie inneren Frieden und Gelassenheit finden können.

Neben dem Gehirn und dem Geist gibt es aber noch etwas, was wir Ihnen nicht vorenthalten möchten. Und das ist etwas, dass noch viel größer und viel wirksamer ist als unser Gehirn und unser Geist. Das ist das, was uns überhaupt das Leben ermöglicht. Dieses Etwas zu benennen ist nicht einfach, da es sich nicht in Worte fassen lässt. Die einen nennen es den klaren Raum des Bewusstseins, die anderen nennen es Gott, wieder andere bezeichnen es als die „Höchste Intelligenz". Hier ist jeder Mensch aufgefordert, für sich selbst eine Bezeichnung zu finden.

Wie auch immer wir es nennen, so ist dieser Teil des Menschen rein, klar und unabhängig von Geist und Gehirn. Wir bezeichnen es in diesem Buch als *reines Bewusstsein* in Anlehnung an die buddhistische Psychologie.

Um dieses klare, reine Bewusstsein wahrzunehmen, braucht es einen Perspektivenwechsel: Weg von den Inhalten der Gedanken hin zum klaren Raum des Bewusstseins. Hier im Westen beziehen wir uns in erster Linie auf unsere Körperempfindungen, Gedanken und Gefühle, nicht aber auf eben diesen Raum.

In der buddhistischen Psychologie wird dieser Raum folgendermaßen beschrieben: „In seinem natürlichen Zustand ist das Bewusstsein nackt, unbefleckt, klar, raumhaft, transparent, zeitlos und jenseits aller Bedingtheit." So heißt es im *Tibetischen Buch von der großen Befreiung*. „O edel Geborener, erinnere dich des klaren offenen Himmels deiner eigenen Natur."[42]

Erst langsam öffnet sich der Westen dafür, dass es noch weitaus mehr gibt als unser Gehirn, dass uns nur allzu gerne das Leben schwermacht. Nach Ansicht der buddhistischen Psychologie gibt es verschiedene Ebenen des Bewusstseins. Zu ihnen gehören auch solche, die nicht verifizierbar sind. Noch nicht.

Die Herausforderung, die an dieser Stelle auf uns wartet, ist die Tatsache, dass man den weiten und klaren Raum des Bewusstseins nicht mit dem Verstand erfassen, sondern ihn nur unmittelbar erfahren kann. Erfahren haben diesen Raum die meisten Menschen von uns: wenn wir lieben; wenn wir vollkommen in der Natur aufgehen; beim Joggen, wenn der Läufer einen Runner's High erlebt etc.

Die buddhistische Psychologie geht von zwei grundlegenden Aspekten des Bewusstseins aus:

1. dem „klaren / absoluten" Bewusstsein, das offen, transparent, rein, zeitlos, unbegrenzt und unsterblich ist, und
2. dem „unklaren / episodischen" Bewusstsein, das immer von der aktuellen Erfahrung gefärbt, flüchtig und bedingt ist sowie die aktuelle Sinneserfahrung registriert[43] und welches wir in der Summe der Erfahrung für unser Ich halten.

Die buddhistische Psychologie beschreibt das episodische Bewusstsein in Form von 121 verschiedenen Zuständen, die weit, eng, freudvoll, ängstlich etc. sein können.

Sie möchte das klare Bewusstsein erlebbar machen als etwas, das unabhängig vom linearen Raum-Zeit-Erleben, Objekten oder Inhalten existiert und funktioniert. Das Bewusstsein ist das, was die Erfahrung macht, ohne an Körperempfindungen, Gefühle und Gedanken gebunden zu sein. Es ist das, was weiß.[44] Für die meisten von uns ist es allerdings so unfassbar wie selbstverständlich zugleich, sodass wir es nicht fassen können.

Die westliche Psychologie konzentriert sich auf die Inhalte des Bewusstseins, auf die Erfahrungen, die wir über die körperlichen Empfindungen, über die Gefühle und die Gedanken machen. Unser Bewusstsein nimmt sämtliche Eindrücke auf, sobald wir etwas riechen, schmecken, fühlen, sehen und hören. Das passiert so blitzschnell, dass wir es gar nicht realisieren. Der erste Schritt in der buddhistischen Psychologie ist es, durch intensive Praxis der Achtsamkeit, der Beobachtung der eigenen Körperempfindungen und Gefühle den Moment des Entstehens und Vergehens einer Erfahrung im Bewusstsein mitzubekommen und zu erkennen, dass es „nur" flüchtige Erlebnisse sind. Ein hilfreicher zweiter Schritt ist der, sich mit eben diesen Erfahrungen nicht mehr zu identifizieren. Schließlich sind sämtliche Geistes- und Gefühlszustände nur flüchtige Erscheinungen im Bewusstsein. Erfahren wir den weiten Raum des klaren Bewusstseins, dann erleben wir, dass wir nicht unsere körperlichen Empfindungen, Gedanken und Gefühle sind. Die Praxis der Achtsamkeit und Meditation zielt darauf ab, sich des eigenen Bewusstseins gewahr zu werden, ohne sich in die Erfahrungen verwickeln zu lassen. Durch diese Erfahrung werden wir frei und erkennen, dass wir viel mehr sind, nämlich ein weiter Raum, der mit allem verbunden und gleichzeitig frei von allem ist. Es geht darum, dass wir mit unserem Geist die Funktionsweise des Geistes kennenzulernen. Es braucht viel Achtsamkeit,

Geduld und Offenheit, die Beobachtungsgabe für den eigenen Geist zu entwickeln und diesen wertfrei wahrzunehmen und zu untersuchen.

Im Buddhismus bezeichnet man die unerschöpfliche Quelle von Ideen, Kreativität, Konzepten, geistigen Bildern und Lösungswegen als den denkenden Geist. Bei genauer Betrachtung erkennen wir allerdings, dass eben dieser denkende Geist viel, viel mehr ist und zahlreiche Geisteszustände enthält, in die die Denkprozesse eingebettet sind, nämlich all unsere Instinkte, unsere unterschiedlichen Stimmungen, verschiedensten Gefühle und unsere intuitiven Einsichten. Ja, dieses Bewusstsein ist überhaupt ein ganz zentraler Faktor unseres Daseins. Dieses klare Bewusstsein ist die Grundvoraussetzung für unser Leben. Unser Körper interagiert zwar mit dem Bewusstsein, ist aber nicht seine Quelle und existiert somit auch unabhängig von einem Objekt. Wir tun uns mit dem Bewusstsein so schwer, weil wir es nicht greifen können. Es hat weder Form noch Farbe. Es ist klar und rein. Es ist unsterblich. Es ist. Gleichzeitig ist es transparent, veränderlich und lebendig. Entspannen wir uns in diesen offenen, transparenten Raum des Bewusstseins hinein, dann können wir der buddhistischen Psychologie zufolge das erleben, was als der klare offene Himmel des Gewahrseins bezeichnet wird. Aufgrund seiner Transparenz und Klarheit ist er leer wie der Raum, aber im Gegensatz zum Raum besitzt er die Fähigkeit, wahrzunehmen und Erfahrungen zu machen.

Im Buddhismus wird dieses reine Bewusstsein auch gerne mit dem Horizont verglichen. Genauso wie am Himmel Wolken entstehen, Unwetter geschehen und Stürme kommen und gehen, so bleibt der Himmel selbst aber vollkommen unberührt von den Wettererscheinungen. Er bleibt seiner Natur nach offen, unbegrenzt und ungetrübt von all dem, was sich in seiner Sphäre abspielt. Und wie gesagt: Es ist nicht kognitiv zu verstehen, sondern kann nur unmittelbar erfahren werden. Probieren Sie es doch gleich einmal aus:

> Das reine Bewusstsein wird von all den Erscheinungen nicht berührt – wie ein Spiegel: Ein Spiegel bleibt klar und rein, strahlend und hell, egal, was sich darin spiegelt.

Übung: Das klare Bewusstsein erfahren

Betrachten Sie sich im Spiegel und versuchen Sie, Kontakt mit dem Teil aufzunehmen, der nicht altert. Fragen Sie sich: Wer schaut in den Spiegel? Wer ist über all die Jahre gleich jung geblieben? Wer ist eins mit der Natur, dem Leben und der Liebe? Machen Sie sich bewusst, dass etwas in Ihnen seit Anbeginn Ihres Seins auf die gleiche Art und Weise in den Spiegel schaut. Vollkommen unberührt davon, dass Ihr Körper einen Alterungsprozess durchlebt, und vollkommen unbeeindruckt von biografischen Erfahrungen. Diese sind an das lineare Erleben von Raum und Zeit gebunden, während das reine Bewusstsein vollkommen frei davon ist. Normalerweise aber sind wir uns des Bewusstseins selbst gar nicht bewusst. Es ist so selbstverständlich für uns wie die Luft, die wir atmen, die immer da ist, die wir aber nicht sehen und ohne die wir auch nicht leben könnten. Deshalb konzentrieren wir uns auch fälschlicherweise immer auf die Inhalte unseres Bewusstseins, sprich auf unsere Gedanken, Gefühle und Körperempfindungen, und halten dies für unsere wirkliche und letzte Realität.

Richten Sie Ihre Aufmerksamkeit weg von den Inhalten hin zum Raum des Bewusstseins. Dann werden Sie feststellen, dass Sie all diese Erfahrungen zwar machen, sie aber vergänglich und nicht Ihre letzte Wirklichkeit sind. Sie werden feststellen, dass sich dann etwas Wesentliches verändert: Sie werden aufhören, so lange und so viel zu leiden! Sie werden frei, weil Sie die Weite Ihres Bewusstseins erfahren und erleben, dass es unendlich viel mehr gibt als die Fixierung auf Ihr Ich-Erleben.

Versuchen Sie deshalb immer wieder, Ihr eigenes Bewusstsein zu beobachten, ohne sich in die jeweilige Erfahrung verwickeln zu lassen. Alles, was es braucht, ist Ihre Achtsamkeit. Richten Sie Ihre Aufmerksamkeit immer wieder weg von den Inhalten der einzelnen Erfahrungen, Ihrer Gedanken und Gefühle. Lenken Sie Ihre Aufmerksamkeit auf das, was in Ihnen passiert, und untersuchen Sie, wie Ihr Geist arbeitet, worauf er reagiert und was in Ihnen vorgeht, sobald Sie Ihre Aufmerksamkeit weg von den Inhalten der Erfahrungen hin zum Bewusstsein selbst richten.

Übung: In die Tiefe gehen

Machen Sie sich in der nächsten Meditation bewusst, dass es sich bei Ihren Gefühlen, Gedanken und Körperempfindungen nur um Erscheinungen im Bewusstsein handelt, vergleichbar mit einem Radiosender. Was läuft gerade. Ein Drama? Eine Komödie? Sie können umschalten und einen anderen Sender wählen. Probieren Sie es einfach aus!

Nehmen Sie sich Zeit, Ihre Geisteszustände zu untersuchen. Nehmen Sie sich dafür einen Tag, an dem Sie Probleme haben. Nehmen Sie Ihre eigenen Geisteszustände wahr, ohne sich mit ihnen zu identifizieren. Ohne sie zu bewerten. Meistens treten mehrere unheilvolle Geisteszustände gleichzeitig auf. Wenn Sie sich zum Beispiel um Ihre Zukunft Gedanken machen, dann können Zustände auftreten wie Sorge, Angst, Zweifel, oder auch Verwirrung, Ruhelosigkeit oder eine falsche Wahrnehmung der Zukunft. Nehmen Sie sich heute vor, Ihren Geist achtsam, wach und wertfrei zu beobachten – ohne sich mit ihm zu identifizieren. Nehmen Sie einfach wahr, was gerade passiert. Wie lange dauert Ihr Gefühl von Sorge, Ärger oder Zweifel? Wann fangen Sie an, sich in diesem Zustand zu verstricken? Was hilft Ihnen, sich daraus zu befreien? Wenn Ihnen Einsichten kommen, sind Sie bereits dabei, sich aus dem Würgegriff der unheilsamen Geisteszustände zu befreien.

Nehmen Sie sich für einen anderen Tag Ihre heilvollen Geisteszustände ins Visier. Fühlen Sie sich besonders ausgeglichen, gut gelaunt, freudig, weise oder liebevoll? Welche Zustände herrschen vor? Wie lange dauern sie an? Wodurch werden sie ausgelöst? Wann vergehen sie wieder? Woran halten Sie besonders fest?

Machen Sie sich Notizen und nehmen Sie wahr, an welchen Zuständen – egal ob unheilvoll oder heilvoll – Sie besonders festhalten.

Machen Sie sich bewusst, wie sich die Zustände auf Sie auswirken. Was verändert sich, wenn Sie Ihre Aufmerksamkeit weg von den Inhalten hin zum reinen Bewusstsein lenken?

Seien Sie neugierig und untersuchen Sie die Zustände. Es gibt nicht nur schwarzweiß, sondern insgesamt 121 Zustände! Versuchen Sie, sich der Natur Ihrer Zustände bewusst zu werden und sie zu beschreiben.

Wenn Sie die Übung vertiefen möchten, dann stellen Sie sich vor, dass Ihr Bewusstsein ein Fernseher ist und verschiedene Kanäle hat. Stellen Sie sich vor, dass Sie 121 Kanäle haben. Benennen Sie Ihre Kanäle. Was läuft gerade? Haben Sie keine Lust mehr auf den Film, der gerade läuft? Dann schalten Sie doch um. Sie können jederzeit einen anderen Zustand wählen. Sie haben die Wahl!

Der Raum zwischen zwei Gedanken ist das Tor in die Freiheit.

Schreiben Sie all Ihre Geisteszustände auf:

____

____

____

____

____

____

____

Übung: Den Edlen Kern erkennen

Wenn Ihnen die Übung mit dem klaren Bewusstsein zu abstrakt ist, dann probieren Sie die Übung mit dem Edlen Kern aus.

Nehmen Sie sich über den Tag verteilt immer wieder Zeit, um mit Ihrem Edlen Kern in Verbindung zu kommen – jenem Teil von Ihnen, der unverletzlich und unsterblich ist.

Normalerweise wissen wir nicht um ihn, weil wir so sehr mit unserem Ich, unserer Rolle als Mann, Frau, Manager, Lehrer etc. und den daraus entstehenden Körperempfindungen, Gedanken und Gefühlen identifiziert sind. Aber nicht nur das. Meistens sind wir tendenziell mit unseren Schattenseiten identifiziert. Wir glauben eher an das Schlechte in uns als an das Gute. Wir glauben, dass wir nicht liebenswert oder nicht gut genug seien. Oder aber wir sind so sehr von unserem Ich überzeugt, dass es sich uns in den Weg stellt und den Blick verstellt für das, was hinter dem äußerlichen Erfolg, einer Fassade etc. liegt. Deshalb ist es das wichtigste Ziel der buddhistischen Psychologie, den Menschen dazu zu bewegen, einen Blick hinter die Identifikation mit dem Ich, hinter die Schutzschicht aus Verletzungen und Rollen zu werfen. Gelingt es, uns auch nur einen Moment dafür zu öffnen, dann können wir in Kontakt kommen mit unserer ursprünglichen Buddha-Natur, unserer ursprünglichen Güte. In einem solchen Moment erfahren wir, wer wir wirklich sind. Meistens verstellt unser Verstand aber bereits kurz darauf den Blick auf unser wahres Wesen. Dann richten wir unseren Fokus wieder auf unseren Schutzpanzer aus Angst, Furcht, Ablehnung, Depression, Verwirrung, Wut und Stress, und wir vergessen wieder, wer wir sind.

Weiten Sie Ihren Blick und erinnern Sie sich an Ihren Edlen Inneren Kern. Sie brauchen ihn nur freizulegen. So, wie es in der folgenden Geschichte passiert:

Die Pietà in uns[45]

Michelangelo war ein begnadeter Künstler und Bildhauer. Eines Tages ging er in Florenz spazieren und kam an einem Geschäft für Steinblöcke vorbei. Er schaute sich die Steinblöcke auf dem Hof an und entschied sich für einen bestimmten: „Diesen Block will ich kaufen." Der Marmorhändler erwiderte: „Dieser Block ist nicht gut. Er hat zu viel Maserung. Den kann ich nicht empfehlen." Michelangelo bestand aber darauf: „Nein, genau den will ich haben! Ich komme hinterher vorbei und zeige dir, was daraus geworden. ist." Aus diesem Marmorblock schuf Michelangelo die Pietà, jene wunderschöne Skulptur, die heute im Petersdom in Rom steht. Sie zeigt Mutter Maria mit dem toten Jesus auf den Armen. Ein unglaubliches Kunstwerk, vor dem man einfach vollkommen berührt steht. Michelangelo zeigte die Pietà dem Steinhändler, der überrascht fragte: „Aus diesem Block hast du sie gemacht?" Michelangelo erwiderte dem Steinmetz: „Nein, ich habe sie nicht gemacht. Sie war die ganze Zeit schon darin. Ich habe nur alles entfernt, was nicht dazugehörte."

Auch in Ihnen ist die Pietà, ein Edler Kern. Dafür brauchen Sie nichts Besonderes zu leisten. Nichts zu vollbringen. Das Einzige, was es dazu braucht, ist, dass Sie den Blick weg vom Leid, weg von all Ihren tief sitzenden Ängsten, Zweifeln und Sorgen richten hin zu Ihrem Edlen Kern. Dass dies möglich ist, hat der Buddha uns vorgelebt. Er selbst hat es erfahren und an seine Schüler weitergegeben: „Wenn es nicht möglich wäre, das Herz von der Befleckung durch leidvolle Zustände frei zu machen“, sprach der Buddha, „würde ich euch nicht lehren, eben das zu tun. Doch weil es möglich ist, erteile ich diese Lehren.“[46]

12. Gut schlafen

„Jeder Tag sollte zu einem Dankfest werden,
an dem ihr an alle Gaben denkt, die das Leben euch schenkt."

(Paramahansa Yogananda)

Das letzte Kapitel möchten wir dem Ende eines Tages widmen. Manchen Sie sich bewusst, dass wieder ein Tag Ihres Lebens zu Ende gegangen ist. Vielleicht war es ein Tag, an dem Sie viel telefoniert haben, eingespannt waren in Termine und auch abends noch private Verpflichtungen hatten, bevor Sie jetzt müde ins Bett fallen. Leider ist es am Abend besonders schwer, noch mit ganzer Aufmerksamkeit bei der Sache zu bleiben. Versuchen Sie trotzdem, sich am Abend – ähnlich wie am Morgen – noch einmal ein paar Minuten Zeit für sich selbst zu nehmen.

Vielleicht waren Sie den ganzen Tag über mit vielen Menschen zusammen, sodass Sie ein wenig aus Ihrer eigenen Mitte gekommen sind, ohne dies groß zu bemerken. Nehmen Sie sich ein paar Minuten Zeit – fünf Minuten reichen schon –, um sich noch einmal auf sich selbst zu besinnen und wieder ganz zu sich selbst zurückzufinden.

Vielleicht waren Sie aber auch den ganzen Tag mehr oder weniger alleine und haben ihn am Computer verbracht und gearbeitet. Dass Sie einen Körper besitzen, haben Sie nur in den Momenten gespürt, in denen Ihr Magen geknurrt oder in denen Ihnen Ihr Nacken wehgetan hat, weil Sie den ganzen Tag verspannt vor dem Bildschirm gesessen haben.

Pro Nacht schwitzen wir etwa einen halben Liter Schweiß im Schlaf ab. Deshalb sollten Sie Ihre Matratze immer wieder mal lüften.

Das letzte Kapitel dieses Buches möchte Ihnen einige Übungen zeigen, die Sie darin unterstützen, den Tag auf eine schöne, entspannte und auch bewusste Weise ausklingen zu lassen. Sodass Sie am Ende eines jeden Tages sagen könne: Ja, ich habe den Tag heute wirklich bewusst gelebt!

12.1 Körperbewusstsein schaffen

Übung: Sich selbst und anderen ein Lächeln schenken

Setzen Sie sich bequem mit geradem Rücken hin. Atmen Sie einige Male tief bewusst ein und aus. Versuchen Sie, mit ungeteilter Aufmerksamkeit bei der Übung zu sein. Spüren Sie, wie Ihre Sitzknochen und Ihr Po Kontakt mit dem Stuhl haben? Berühren Ihre Füße den Boden? Sitzen die Sie ganze Zeit aufrecht oder sacken Sie nach einigen Momenten wieder in sich zusammen und schweifen mit Ihren Gedanken zur Arbeit ab? Wie atmen Sie? Ruhig und tief oder oberflächlich? Versuchen Sie, so viel wie möglich vom gegenwärtigen Moment wahrzunehmen.

Nehmen Sie Ihren Atem wahr, ohne ihn verändern zu wollen. Versuchen Sie, sich dabei zu entspannen. Stellen Sie sich vor, dass alles Schwere, Traurige und Negative, das Sie an diesem Tag erlebt haben, durch Ihre Füße in den Boden sinkt und an der Stelle kleine Butterblumen wachsen lässt.

Wenn Sie das Gefühl haben, dass Sie entspannt sind, stellen Sie sich eine Person vor, mit der Sie an diesem Tag ein besonders schönes Erlebnis hatten. Stellen Sie sich vor, wie Sie dieser Person gegenüberstehen und sie anlächeln. In Ihrer Vorstellung lächelt dieser Mensch zurück. Nehmen Sie dieses Lächeln mit jedem Ein- und Ausatmen ganz bewusst in sich auf. Sie werden spüren, wie sich Ihr Gesicht mehr und mehr entspannt. Halten Sie das Lächeln nun für mehrere Minuten. Stellen Sie sich vor, wie dieser Mensch sich umdreht und langsam wieder aus Ihrem Blickfeld verschwindet.

Stellen Sie sich dann vor, wie ein Mensch auf Sie zukommt, mit dem Sie sich an diesem Tag gestritten haben oder den Sie nicht sonderlich mögen. Stellen Sie sich vor, wie Sie diesem Menschen gegenüberstehen und ihn anlächeln. Versuchen Sie es, so gut es geht, auch wenn es Ihnen schwerfällt. Aber versuchen Sie es. Stellen Sie sich vor, wie dieser Mensch Sie ebenfalls anlächelt und Ihnen beiden dabei bewusst wird, wie lächerlich es ist, sich um Kleinigkeiten zu streiten oder partout immer auf der eigenen Meinung bestehen zu wollen. Halten Sie auch dieses Lächeln wieder einige Minuten und stellen Sie sich vor, wie dieser Mensch sich umdreht und ebenfalls aus Ihrem Blickfeld verschwindet.

Stellen Sie sich nun vor, wie Sie auf sich selbst zukommen. Stellen Sie sich vor sich selbst hin und lächeln Sie sich an. Begegnen Sie sich selbst mit einem Lächeln! Dies ist für viele Menschen eine schwierige Übung. Versuchen Sie es. Wenn wir uns selbst nicht annehmen und lieben, werden auch alle anderen Liebesbeziehungen nicht von Dauer sein.

Übung: Innere Wasserquelle

Vielleicht haben Sie vor dem Schlafengehen geduscht und sich somit äußerlich vom Stress und fremden Energien gereinigt. Mit der folgenden Übung können Sie auch eine innere Reinigung vornehmen. Dabei werden nicht nur die einzelnen Körperregionen von Fremdenergien gereinigt, sondern Sie kommen noch einmal am Ende des Tages mit Ihrem Körperbewusstsein in Kontakt.

Legen Sie sich entspannt auf den Rücken – wie bei den vorangehenden Übungen am besten auf den Fußboden mit einem Kissen unter dem Kopf und einer Rolle unter den Knien. Mit jeder Ausatmung geben Sie Ihr Gewicht an den Boden ab, sodass er Sie tragen kann.

Stellen Sie sich zuerst Ihren Kopf als einen leeren Raum vor, der sich beim Einatmen mit frischem Quellwasser füllt und beim Ausatmen alle alten Schlacken und fremde, negative Energie abgibt. Gehen Sie in Gedanken weiter zu Ihrem Hals und zu Ihren Schultern und Armen. Beim Einatmen füllen sie sich mit frischem Quellwasser, werden durchspült und gereinigt. Wenn Sie die Übung mit dem rechten Arm machen, dürfen Sie den linken nicht vergessen. Machen Sie auf diese Weise einige Atemzüge und stellen Sie sich immer wieder dabei vor, wie frisches, klares Quellwasser all die alten, verbrauchten Schlacken aus Ihrem Körper spült. Gehen Sie in Gedanken weiter zum Brustraum, der mit frischem Quellwasser durchspült wird, dann hinunter zum Bauchraum und zum Rücken. Wenn Sie die inneren Organe durchlaufen, stellen Sie sich jedes Organ oder jede Körperregion als einen leeren Raum vor. Und dieser Raum wird mit jedem Atemzug von dem frischen Quellwasser durchspült, gereinigt. Gehen Sie weiter zu den Oberschenkeln, Knien, Waden und Füßen. Wenn Sie mit dieser inneren Reinigung fertig sind, bleiben Sie noch ein paar Minuten liegen und spüren nach. Hat sich etwas in Ihrem Körper verändert? Fühlt er sich sauberer und entspannter an? Genießen Sie dieses Gefühl der Entspannung noch einige Momente und strecken Sie sich noch einmal richtig, bevor Sie die Übung beenden.

12.2 Das Schlafzimmer: Oase der Entspannung

Das Schlafzimmer sollte genauso wie der Arbeitsplatz aufgeräumt und klar sein. Alles, was nicht mit Entspannung und Schlaf zu tun hat, gehört nicht ins Schlafzimmer und erst recht nicht ins Bett. Machen Sie Ihr Bett zu einem sakralen Ort jenseits von Raum und Zeit. Vermeiden Sie auch, sich im Bett zu streiten oder Probleme zu wälzen. Verwöhnen Sie sich selbst – und Ihren Partner – dort lieber auf sinnliche Weise.

Darüber hinaus sollten Sie auch Ihr Schlafzimmer von Zeit zu Zeit räuchern und von schlechten Energien reinigen. Denn oftmals nehmen wir unsere Alltagssorgen und -ängste mit in den Schlaf. Diese bleiben im Schlafzimmer, und wenn wir nicht richtig durchlüften bzw. den Raum gründlich reinigen, wird diese belastete Energie sich auf den Schlaf auswirken.

Nachdem Sie Ihr Schlafzimmer entrümpelt und gereinigt haben, werden Sie sich hier um einiges wohler fühlen. Oder sind Sie trotzdem nach wie vor morgens müde und fühlen sich zerschlagen oder gelähmt? Dann überprüfen Sie die folgenden Aspekte, denn nach der Lehre des Feng-Shui können sie die Ursache dafür sein, dass Ihnen nachts Energie entzogen wird, anstatt Sie mit frischer, neuer Energie zu versorgen:

- Das Schlafzimmer ist nicht aufgeräumt. Dadurch kann die Chi-Energie nicht fließen.
- Der Platz unter dem Bett sollte frei bleiben, weil sonst die Energie ebenfalls nicht fließen kann.
- Spiegel gelten als problematisch, da sie Energie entziehen können.
- Eine feste Kopfstütze aus Holz schützt Ihre persönliche Energie und versorgt Sie darüber hinaus mit neuen Energien.

Den richtigen Platz finden

Wenn Sie nicht gut schlafen, dann kann dies auch daran liegen, dass Ihr Bett an der falschen Stelle steht. Vielleicht haben Sie schon eine Weile das Gefühl, dass Sie es lieber irgendwo anders hinstellen würden, aber weil dort die Kommode steht, belassen Sie Ihr Bett lieber am alten Ort.

Finden Sie den idealen Platz für Ihr Bett. Vielleicht ist er auch in einem anderen Raum, aber Sie scheuen die Mühe, die Zimmer umzuräumen. Da es nichts Wichtigeres als gesunden und guten Schlaf gibt, sollten Sie sich die Mühe auf jeden Fall machen. Auch hier lohnt es sich, sich an den Prinzipien des Feng-Shui zu orientieren. Manchmal ist es sogar ratsam, einen Fachmann oder eine Fachfrau zurate zu ziehen, die für Sie auspendeln kann, ob Ihr Bett auf einer Wasserader steht oder sich mehrere Wasseradern dort kreuzen.

Sollten Sie in eine neue Wohnung ziehen, nehmen Sie sich etwas Zeit, den richtigen Platz für Ihr Bett in der noch unmöblierten Wohnung zu finden. Setzen Sie sich an den Stellen, die für Sie im Schlafzimmer infrage kommen, jeweils etwa eine halbe Stunde hin und achten Sie darauf, wie Sie sich dort fühlen:

- Vermittelt Ihnen die Stelle ein Gefühl der Ruhe?
- Werden Sie nervös?
- Überfällt Sie ein Gefühl der Schwere?
- Entspannen Sie sich?

Eine Matratze hat nach spätestens zehn Jahren ausgedient. Dann sollten Sie sich eine neue schenken.

Versuchen Sie, diese Wahrnehmungen zu berücksichtigen, bevor Sie Ihr Bett aufstellen. Denn wenn man ein Zimmer komplett eingerichtet hat, ist es manchmal die Bequemlichkeit, die einen davon abhält, es umzustellen.

12.3 Den Tag beenden – den Schlaf begrüßen

Um den Tag bewusst zu beenden, möchten wir Ihnen noch eine kleine Übung vorstellen:

Übung: Reise durch den Tag

Setzen Sie sich an einen ruhigen Ort. Sie können diese Übung auch im Bett machen. Schließen Sie nun die Augen und stellen Sie sich vor, dass Ihr Tag eine Reise war, die mit dem Aufwachen begonnen hat. Gehen Sie nun alle Ereignisse, die Sie im Lauf des Tages erlebt haben, eins nach dem anderen noch einmal langsam durch.

Wie ging es Ihnen beim Aufwachen? Waren Sie entspannt? Ausgeschlafen? Oder hatten Sie eher das Gefühl, Knochen aus Blei zu haben? Haben Sie sich auf den Tag gefreut oder ihm mit Sorge entgegengesehen? Hat sich Ihr Gefühl im Lauf des Tages verändert oder haben Sie immer noch die gleiche Stimmung? Was waren die schönsten Momente, die Sie heute erlebt haben? Was war Ihre schönste Begegnung? Hatten Sie sie mit einem vertrauten Menschen? Oder war es das Lächeln eines fremden Kindes, welches Sie erfreut hat? Haben Sie sich trotz aller Geschäftigkeit Zeit genommen, eine Tasse Tee ganz in Ruhe zu genießen? Konnten Sie sich ein wenig zurückziehen und ein paar tiefe Atemzüge machen? Haben Sie heute die Natur wahrgenommen? Die Sonne? Eine Blume? Was hat Ihnen heute am besten an Ihrem eigenen Verhalten gefallen? Versuchen Sie, als Letztes eine Situation vor Augen zu haben, die Sie heute besonders erfreut hat, damit Sie den Tag mit einem guten Gefühl beenden können. Und selbst wenn es nur ein kleiner Moment war, so kann dieser Moment Ihr Herz erhellen!

Verbannen Sie Grübeleien aus dem Schlafzimmer! Wenn Sie wieder mal nachts wach im Bett liegen, stehen Sie auf und notieren Sie Ihre Gedanken auf einem Zettel an Ihrem privaten Arbeitsplatz.

Wenn Sie diese kleine Reise gemacht haben, dann können Sie für diesen Tag danken und den Tag – alle Gedanken und Gefühle, die damit zusammenhängen – loslassen und mit dem Bewusstsein einschlafen, dass der nächste Tag wieder ein Geschenk an Sie ist. Und eine weitere Gelegenheit darstellt, einem wundervollen und interessanten Menschen zu begegnen – sich selbst.

Ausklang: Verschieben Sie Ihre Visionen nicht, leben Sie Ihre Träume!

„Das Leben besteht in der Bewegung."

(Aristoteles)

Mit diesem Buch haben wir versucht, Ihnen zu vermitteln, dass nur Sie selbst die Weichen dafür stellen können, wenn Sie gelassener leben möchten. Wer glaubt, jemand anderer würde ihm diese Aufgabe abnehmen oder dafür ein Ticket schenken, versäumt den Zug in Richtung innere Zufriedenheit.

Nehmen Sie sich jetzt am Ende dieses Buches noch einmal die Zeit, sich selbst zu fragen: Was genau möchte ICH langfristig in meinem Leben ändern? Wie bereit bin ICH, diese langfristigen Veränderungen tatsächlich anzugehen?

Vielleicht haben Sie bereits Übungen gefunden, die Ihnen gut gefallen haben. Bleiben Sie dran! Machen Sie diese Übungen so oft wie möglich. Und besser noch: Suchen Sie sich eine Meditationsgruppe, mit der Sie gemeinsam regelmäßig meditieren. Das macht das Dranbleiben einfacher.

Aber egal, ob Sie alleine üben oder in einer Gruppe – bewusst machen sollten Sie sich auf jeden Fall eines: So, wie ein Läufer seine Kondition durch regelmäßiges Training aufbauen und halten muss, so müssen auch Sie Ihren Geist und Ihr Verhalten schulen. Und zwar indem Sie regelmäßig üben. Meditationen und Übungen finden Sie in diesem Buch genug. Jetzt brauchen Sie nur noch anzufangen – oder dranzubleiben. Je nachdem.

Tun Sie es! Es lohnt sich. Auch das können wir Ihnen aus eigener Erfahrung bestätigen, und wir möchten Sie aus ganzem Herzen dazu ermutigen.

Schon bald werden Sie gelassener.
Wir wünschen Ihnen viel Freude dabei.

Doris Iding und Nanni Glück

Anmerkungen

1 Hanson, R. (2012): *Just 1 Thing: So entwickeln Sie das Gehirn eines Buddha.* Arbor, S. 12.

2 Helliwell, J., Layard, R. & Sachs, J. (2017). *World Happiness Report 2017.* New York: Sustainable Development Solutions Network.

3 Im sogenannten Smyth-Papyrus (datiert auf die Mitte des 16. Jahrhundert vor Christus), benannt nach dem Ägyptologen Edwin Smith (1822–1906), finden sich bereits Belege dafür, dass das Gehirn Gegenstand gezielter Betrachtungen war.

4 MacLean, P.D. (1970): „The triune brain, emotion and scientific bias." In: Francis Otto Schmitt (Hrsg.), *The Neurosciences: Second study program,* Band 2, Rockefeller University Press, S. 336–349.

5 Der Begriff „Amygdala Hijack" wurde von Daniel Goleman geprägt. In seinem Buch *Emotional Intelligence: Why It Can Matter More Than IQ,* welches 1996 bei Bloomsbury erschienen ist, beschreibt er die „Machtübernahme" der Amygdala.

6 Stephenson, G.R. (1967): „Cultural acquisition of a specific learned response among rhesus monkeys. In: Starek, D., Schneider, R. & Kuhn, H.J. (Hrsg.), *Progress in Primatology,* Stuttgart: Fischer, S. 279–288.

7 Brickman, P., Coates, D. & Hjanoff-Bulman, R. (1978): „Lottery Winners and Accident Victims: Is Happiness Relative?" *Journal of Personality and Social Psychology,* Vol. 36, No. 8, S. 917-927.

8 Markowetz, A., Błaszkiewicz, K., Montag, Chr., Switala, Chr. & Schlaepfer, T.E. (2014): „Psycho-Informatics: Big Data shaping modern psychometrics." *Medical Hypotheses,* April 2014, 82(4), S. 405–11.

9 Ebenda.

10 ARD/ZDF-Onlinestudie unter ↗ http://www.ard-zdf-onlinestudie.de (letzter Aufruf am 05.03.2018).

11 BLIKK Studie 2017 unter der Leitung von Prof. Dr. Rainer Riedel und Dr. Uwe Büsching und beauftragt durch die Drogenbeauftragte der Bundesregierung Marlene Mortler. Einzusehen unter ↗ https://www.bildungsserver.de/onlineressource.html?onlineressourcen_id=58628 (letzter Aufruf 05.03.2018).

12 Pearson, C. & Hussain, Z. (2015): „Smartphone use, addiction, narcissism, and personality: A mixed methods investigation." *International Journal of Cyber Behavior, Psychology and Learning* 5(1).

13 Spitzer, M. (2012): *Digitale Demenz. Wie wir uns und unsere Kinder um den Verstand bringen.* Droemer Verlag.

14 Mischel, W., Shoda, Y. & Rodriguez, M.L. (1989): „Delay of Gratification in Children." *Science,* Vol. 244, No. 4907 (May 26, 1989), S. 933–938.

15 Krastel, B. & Margraf, J. (2009): „Depressive and Anxious Symptomatology After September 2001." *Swiss Journal of Psychology,* 68 (4), 2009, S. 221–225.

16 Marin, M.F., Morin-Major, J.K., Schramek, T., Beaupré, A., Perna, A., Juster, R.P. & Lupien, S.J. (2012): „There is no news like bad news: Women are more remembering and stress reactive after reading real negative news than men." PLoS ONE, 7(10), e47189.

17 Seiwert, L. (2014): *Das 1x1 des Zeitmanagements: Zeiteinteilung, Selbstbestimmung, Lebensbalance.* GU.

18 Albus, M. (1991): *Biologische Korrelate der Angst bei psychiatrischen Erkrankungen.* Springer Verlag.
19 Tawakol, A., Ishai, A., Takx, R. A., Figueroa, A. L., Ali, A., Kaiser, Y., Truong, Q. A., Solomon, C. J., Calcagno, C., Mani, V., Tang, C. Y., Mulder, W. J., Murrough, J. W., Hoffmann, U., Nahrendorf, M., Shin, L. M., Fayad, Z. A. & Pitman, R. K. (2017): „Relation between resting amygdalar activity and cardiovascular events: a longitudinal and cohort study." *The Lancet,* 389, S. 834–845.
20 HeartMath Deutschland GmbH : ↗ http://blog.heartmathdeutschland.de (letzter Aufruf am 05.03.2018).
21 Dias, B. G., Ressler, K. J. (2014): „Parental olfactory experience influences behavior and neural structure in subsequent generations." *Nature Neuroscience,* 2014 Jan, 17(1), S. 89–96.
22 Yehuda, R., Daskalakis, N. P., Bierer, L. M., Bader, H. N., Klengel, T., Holsboer, F. & Binder, E. B. (2016): „Holocaust Exposure Induced Intergenerational Effects on FKBP5 Methylation." *Biological Psychiatry,* 2016 Sep 1, 80(5), S. 372–80.
23 Gapp, K., Bohacek, J., Grossmann, J., Brunner, A. M., Manuella, F., Nanni, P. & Mansuy, I. M. (2016): „Potential of Environmental Enrichment to Prevent Transgenerational Effects of Paternal Trauma." *Neuropsychopharmacology,* 2016 Oct, 41(11), S. 2749–58.
24 Knutson, B., Adams, C. M., Fong, G. W. & Hommer, D. (2001): „Anticipation of increasing monetary reward selectively recruits nucleus accumbens." *Journal of Neuroscience,* 2001 Aug, 15, 21(16), RC159.
25 Watson, J. M., Strayer, D. L. (2010): „Supertaskers: Profiles in extraordinary multitasking ability." *Psychonomic Bulletin & Review,* 2010 Aug, 17(4), S. 479–85.
26 Ophir, E., Nass, C. & Wagner, A. D. (2009): „Cognitive control in media multitaskers." Einzusehen unter ↗ http://www.pnas.org/content/106/37/15583 (letzter Aufruf am 05.03.2018).
27 Meyer, D. E. (2001): „Multitasking has problems. Study Finds." CNN *Tonight* am 05.08.2001. Transkript ist einzusehen unter ↗ http://www.umich.edu/~bcalab/articles/CNNTranscript2001.html (letzter Aufruf am 05.03.2018).
28 Ebenda.
29 Die Geschichte wurde sinngemäß übernommen aus Nouwen, H. J. M. (1994): *Die Gabe der Vollendung. Mit dem Sterben leben.* Herder, S. 36–37.
30 Emmons, R. A. & McCullough, M. E. (2003): „Counting Blessings Versus Burdens: An Experimental Investigation of Gratitude and Subjective Well-Being in Daily Life." *Journal of Personality and Social Psychology,* Vol. 84, No. 2, S. 377–389.
31 Mills, P. J. & Redwine, L. (2017): „Can Gratitude Be Good for Your Heart?" *Greater Good Magazine.* Einzusehen unter ↗ https://greatergood.berkeley.edu/article/item/can_gratitude_be_good_for_your_heart (letzter Aufruf am 05.03.2018).
32 Kini, P., Wong, J., McInnis, S., Gabana, N. & Brown, J. W. (2016): „The effects of gratitude expression on neural activity." *NeuroImage,* Vol. 128, March 2016, S. 1–10.
33 Tang, L. (2017): *Summary & Study Guide – The Body Builders: Inside the Science of the Engineered Human.* CreateSpace Independent Publishing Platform.
34 Gerald, H. (2013): *Was wir sind und was wir sein könnten. Ein neurobiologischer Mutmacher* (8. Auflage). Fischer.
35 Melanie von Marschlack im Interview mit Gerald Hüther im Magazin *Gelb,* DHL (o. J.). Einzusehen unter ↗ http://kulturwandel.org/inspiration/interviews-und-texte/begeisterung-ist-dunger-furs-gehirn/ (letzter Aufruf am 05.03.2018).
36 Roshi, S. (2016): *Zen-Geist. Anfänger-Geist.* Theseus Verlag.
37 Einzusehen unter ↗ http://www.compassion-training.org/ (letzter Aufruf am 09.03.2018).

38 ↗ https://info-buddhismus.de/Empathie-Mitgefuehl-Neurowissenschaft-Ricard-Singer-Altruismus.html.
39 Breines, J. G. & Chen, S. (2012): „Self-Compassion Increases Self-Improvement Motivation." *Personality and Social Psychology Bulletin.* Einzusehen unter ↗ http://self-compassion.org/wp-content/uploads/publications/selfimp.motivation.pdf (letzter Aufruf am 09.03.2018).
40 Lutz, A., Brefczynski-Lewis, J., Johnstone, T. & Davidson, R. J. (2008): „Regulation of the Neural Circuitry of Emotion by Compassion Meditation: Effects of Meditative Expertise." *Plos One.* Einzusehen unter ↗ https://doi.org/10.1371/journal.pone.0001897 (letzter Aufruf am 09.03.2018).
41 Hanson, R. (2012): *Just 1 Thing: So entwickeln Sie das Gehirn eines Buddha.* Arbor.
42 Kornfield, J. (2008): *Das weise Herz: Die universellen Prinzipien buddhistischer Psychologie* (9. Auflage). Arkana, S. 57.
43 Ebenda, S. 64.
44 Ebenda, S. 59.
45 Iding, D. (2015): *Alles ist Yoga.* Schirner Verlag.
46 Kornfield, J. (2008): *Das weise Herz: Die universellen Prinzipien buddhistischer Psychologie* (9. Auflage). Arkana, S. 30.

Literatur

Albus, M. (1991): *Biologische Korrelate der Angst bei psychiatrischen Erkrankungen.* Springer Verlag.

Breines, J. G. & Chen, S. (2012): „Self-Compassion Increases Self-Improvement Motivation." *Personality and Social Psychology Bulletin,* Vol 38, No. 9, S. 1133–1143.

Brickman, P., Coates, D. & Hjanoff-Bulman, R. (1978): „Lottery Winners and Accident Victims: Is Happiness Relative?" *Journal of Personality and Social Psychology,* Vol. 36, No. 8, S. 917-927.

Dias, B. G., Ressler, K. J. (2014): „Parental olfactory experience influences behavior and neural structure in subsequent generations." *Nature Neuroscience,* 17(1), S. 89–96.

Emmons, R. A. & McCullough, M. E. (2003): „Counting Blessings Versus Burdens: An Experimental Investigation of Gratitude and Subjective Well-Being in Daily Life." *Journal of Personality and Social Psychology,* Vol. 84, No. 2, S. 377–389.

Gapp, K., Bohacek, J., Grossmann, J., Brunner, A. M., Manuella, F., Nanni, P. & Mansuy, I. M. (2016): „Potential of Environmental Enrichment to Prevent Transgenerational Effects of Paternal Trauma." *Neuropsychopharmacology,* 2016 Oct, 41(11), S. 2749–58.

Gerald, H. (2013): *Was wir sind und was wir sein könnten. Ein neurobiologischer Mutmacher* (8. Auflage). Fischer.

Goleman, D. (1996): *Emotional Intelligence: Why It Can Matter More Than IQ.* Bloomsbury.

Hanson, R. (2012): *Just 1 Thing: So entwickeln Sie das Gehirn eines Buddha.* Arbor.

Helliwell, J., Layard, R. & Sachs, J. (2017). *World Happiness Report 2017.* New York: Sustainable Development Solutions Network.

Iding, D. (2015): *Alles ist Yoga.* Schirner Verlag.

Kini, P., Wong, J., McInnis, S., Gabana, N. & Brown, J. W. (2016): „The effects of gratitude expression on neural activity." *NeuroImage,* Vol. 128, S. 1–10.

Knutson, B., Adams, C. M., Fong, G. W. & Hommer, D. (2001): „Anticipation of increasing monetary reward selectively recruits nucleus accumbens." *Journal of Neuroscience,* 15, 21(16), RC159.

Kornfield, J. (2008): *Das weise Herz: Die universellen Prinzipien buddhistischer Psychologie* (9. Auflage). Arkana.

Krastel, B. & Margraf, J. (2009): „Depressive and Anxious Symptomatology After September 2001." *Swiss Journal of Psychology,* 68 (4), S. 221–225.

Lutz, A., Brefczynski-Lewis, J., Johnstone, T. & Davidson, R. J. (2008): „Regulation of the Neural Circuitry of Emotion by Compassion Meditation: Effects of Meditative Expertise." *Plos One* 3(3).

MacLean, P. D. (1970): „The triune brain, emotion and scientific bias." In: Francis Otto Schmitt (Hrsg.), *The Neurosciences: Second study program,* Band 2, Rockefeller University Press, S. 336–349.

Marin, M. F., Morin-Major, J. K., Schramek, T., Beaupré, A., Perna, A., Juster, R. P. & Lupien, S. J. (2012). „There is no news like bad news: Women are more remembering and stress reactive after reading real negative news than men." *Plos One* 7(10).

Markowetz, A., Błaszkiewicz, K., Montag, Chr., Switala, Chr. & Schlaepfer, T. E. (2014): „Psycho-Informatics: Big Data shaping modern psychometrics." *Medical Hypotheses,* 82(4), S. 405–11.

Mischel, W., Shoda, Y. & Rodriguez, M. L. (1989): „Delay of Gratification in Children.“ *Science*, Vol. 244, No. 4907, S. 933–938.
Nouwen, H. J. M. (1994): *Die Gabe der Vollendung. Mit dem Sterben leben.* Herder.
Pearson, C. & Hussain, Z. (2015): „Smartphone use, addiction, narcissism, and personality: A mixed methods investigation.“ *International Journal of Cyber Behavior, Psychology and Learning* 5(1).
Roshi, S. (2016): *Zen-Geist. Anfänger-Geist.* Theseus Verlag.
Seiwert, L. (2014): *Das 1x1 des Zeitmanagements: Zeiteinteilung, Selbstbestimmung, Lebensbalance.* Gräfe & Unzer.
Spitzer, M. (2012): *Digitale Demenz. Wie wir uns und unsere Kinder um den Verstand bringen.* Droemer Verlag.
Stephenson, G. R. (1967): „Cultural acquisition of a specific learned response among rhesus monkeys.“ In: Starek, D., Schneider, R. & Kuhn, H. J. (Hrsg.), *Progress in Primatology,* Stuttgart: Fischer, S. 279–288.
Tang, L. (2017): *Summary & Study Guide – The Body Builders: Inside the Science of the Engineered Human.* CreateSpace Independent Publishing Platform.
Tawakol, A., Ishai, A., Takx, R. A., Figueroa, A. L., Ali, A., Kaiser, Y., Truong, Q. A., Solomon, C. J., Calcagno, C., Mani, V., Tang, C. Y., Mulder, W. J., Murrough, J. W., Hoffmann, U., Nahrendorf, M., Shin, L. M., Fayad, Z. A. & Pitman, R. K. (2017): „Relation between resting amygdalar activity and cardiovascular events: a longitudinal and cohort study.“ *The Lancet,* 389, S. 834–845.
Watson, J. M., Strayer, D. L. (2010): „Supertaskers: Profiles in extraordinary multitasking ability.“ *Psychonomic Bulletin & Review,* 17(4), S. 479–85.
Yehuda, R., Daskalakis, N. P., Bierer, L. M., Bader, H. N., Klengel, T., Holsboer, F. & Binder, E. B. (2016): „Holocaust Exposure Induced Intergenerational Effects on FKBP5 Methylation.“ *Biological Psychiatry,* 80(5), S. 372–80.

Über die Autorinnen

Doris Iding ist Meditations-, Achtsamkeits- und Yogalehrerin. Sie arbeitet als Seminarleiterin, Buchautorin und Ghostwriter sowie als Redakteurin für *Yoga aktuell*. Darüber hinaus bildet sie seit vielen Jahren angehende Yogalehrer im Bereich Achtsamkeit und Yoga-Philosophie aus. 18 ihrer Bücher wurden in andere Sprachen übersetzt.

(↗ http://glueckundachtsamkeit.de)

Nanni Glück hat Markt- und Werbepsychologie studiert und ist Inhaberin der Werbeagentur *ars agendi* in Stuttgart. In den 20 Jahren Berufserfahrung hat sie die Auswirkungen der modernen Kommunikationsmedien nicht nur auf die Arbeitswelt hautnah begleitet. Und als passionierte Golfspielerin und Hundebesitzerin weiß sie um die Wirkung von Achtsamkeit.

(↗ http://www.nanni-glueck.de)

Hausapotheke für die Seele

Guy Winch

Emotionale Erste Hilfe

Wie wir mit seelischen Verwundungen im Alltag umgehen können

Auf ein aufgeschlagenes Knie kleben wir ein Pflaster. Was aber unternehmen wir, um die seelischen Verletzungen zu behandeln, die wir im Alltag erleiden? Gleich zum Therapeuten zu gehen ist nicht immer sinnvoll, denn viele seelische Verletzungen sind nicht so schwer, dass sie professionelle Hilfe erfordern.

Dieses Buch ist eine Hausapotheke für die kleineren seelischen Verletzungen, die wir uns im täglichen Leben holen. Guy Winch führt Sie Schritt für Schritt in die Behandlung der häufigsten psychischen Verwundungen ein: Zurückweisung, Einsamkeit, Verlust, Schuldgefühle, Grübeln, Scheitern und ein geringes Selbstwertgefühl – hier lernen Sie, wie Sie mit emotionalen Wunden wirksam umgehen und so zu mehr Resilienz und Selbstvertrauen finden.

240 Seiten, kart. • € (D) 17,00 • ISBN 978-3-95571-485-7
Auch als E-Book erhältlich.

Guy Winch, Ph.D. ist als Psychotherapeut in eigener Praxis tätig. Er ist sehr erfolgreich als Vortragsredner, u. a. für die Organisation TED.

Shopvorteile

- Kostenloser Versand – weltweit!
- Kein Mindestbestellwert.
- Lieferung innerhalb von 1–2 Tagen.
- Zahlung per Rechnung oder PayPal.

www.junfermann.de

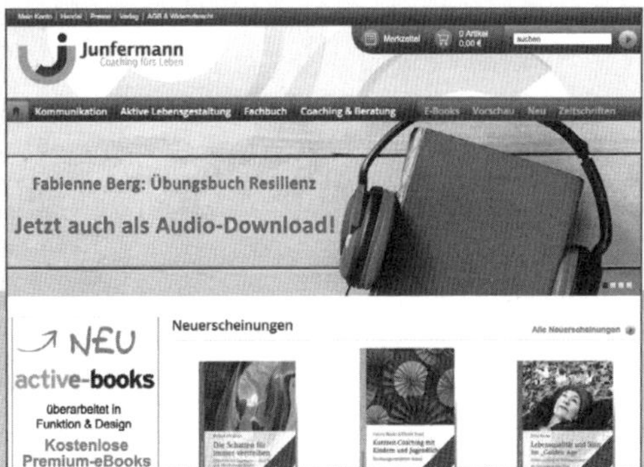